拯救不安

化解鬱悶、焦慮、恐懼的62個小提示

不安な自分を救う方法

柳川由美子——著

楊鈺儀——譯

與作者諮商後，各位諮商者的心聲

情況逐漸好轉！（三十多歲女性）

我的症狀起初就像過敏性腸症候群般，只要搭上電車，就會開始肚子痛、冒冷汗，導致一搭電車就會焦躁不安。我曾在這樣的情況下出國，結果在目的地出現了恐慌症的症狀。嘔吐、腹瀉、麻痺，還有心悸。回國後前往醫院，開始定期吃藥的生活。

我覺得越來越無法掌控自己，我曾想過這輩子是否只能與疾病為伍，伴隨著不安而活？是否不吃藥就治不好？我每天都過得惶惶不安。這時候，我看到了這間心理諮商室的網頁，我內心總想著有一天要治好這病，所以抱著抓住救命稻草的心情預約了諮商。

起初我是帶著半信半疑的心情來接受諮商，但很不可置信地，我的情況真的慢慢變好了，現今，那些不安的情感消失，當然也不用吃藥了。與其要歷經那麼長一段時間的艱苦黑暗，要是早點來這裡接受心理諮商就好了。我真的是滿心感謝。

每一次都覺得自己不一樣了。（二十多歲女性）

持續了七年多的憂鬱症，因為離婚而惡化了。我第一次去做心理諮商時，情況真的是慘不忍睹，但半年後，活力恢復到令人驚訝的地步。憂鬱症自然也改善了。每一次諮商後都讓我覺得自己從內在起變得不一樣了，這真的很令我高興。很感謝至今為止對我的照顧。之後若有再發生什麼事，我會再來的！（但我希望最好別再發生什麼事了！）

潛意識也逐漸改變了。（五十多歲女性）

我經常感到不安，自律神經失調，無法放鬆。醫師首先告訴我，我一直在跟自己對話，讓我得以從過去無能為力的「囚籠」中獲得解放。接著她引導我聚焦、查找出自己的煩惱，同時靠自己找出解決的方法。

就算知道心中有答案，但我卻不知道找出答案的方法。我不知道如何向自己的潛意識追問答案。

我實際做了醫師推薦的練習之後，答案就一點一滴出現在心中，潛意識也逐漸具體出現了改變。

就如醫師所教導我的，只要放鬆，就能獲得力量與機會，這點我非常驚訝，覺得真的很神奇。我認為那些是匯集了「生活方式的訣竅」。

單是有醫師在就很令我感謝。若不知道該怎麼活下去，我會再去請教醫師的。人是住在自己意識中的。

我認為，「只要改變意識，就能住在剛剛好的世界、完全不一樣的世界中」。

希望我能一直遇到像醫師這樣的人。非常謝謝。

比預想中要更早迎來最後的諮商（三十多歲女性）

我認為每一次的諮商都有重大的意義。我希望自己獲得認可，卻苦於不受認可，但我終於擺脫了這樣的痛苦。此後無論面臨任何問題，我都可以靠自己或藉助周遭人的力量來解決。真的很感謝。

找回了相信自己的感覺。（五十多歲女性）

邁入五十歲後，雖跟朋友說要隨時記住「知足」，但實際上，我卻很難用這樣的心態過日子。在長時間的經濟不景氣中，工作不安定、忙碌、丈夫被裁員……別說要感到幸福了，連要生出幸福感的力氣都直線下滑。

我來到了這間諮商中心，借助了醫師的力量，再度找回相信自己的感覺。接下來我想放點心思在認真培育「我幸福的花朵」上，但若是受到強風吹襲、大雨暴擊，請再給予我幫助。只要想到醫師一直都在，就很令人安心。謝謝。

我很驚訝竟然能自然而然說出自己難過的心情。（四十多歲女性）

剛開始接受諮商時，老實說，我曾不安於自己是否真能敞開心胸。但是，試著接受諮商後，很不可思議的是，我居然能自然而然說出自己內心難過的感受。在接受心理諮商的過程中，我也能重新看待自我，能從各種各樣的話語與練習中，察覺到至今沒察覺到事。其間，我感受到自己有一點一滴在改變，現今則非常開心地覺得，自己和剛來造訪這間心理諮商室時變得完全不一樣了。

我真的很感謝醫師讓我能說出自己有什麼樣的心情，以及讓說著最討厭自己的我活出自我、自由。非常謝謝。

今後我想要靠自己一個人站起來。

（四十多歲女性）

覺得無法自我振作，已經無能為力的時候，我來到了由美子醫師這裡。我去過櫻木町與西鎌倉兩間心理諮商室。櫻木町的是簡約的白色基調，綠色的地毯讓人印象深刻；西鎌倉的則給人造訪朋友家的感覺，是在木桌與寬敞舒適的沙發上進行諮商。

從最初煩惱的事情開始談起，醫師會詢問我總是在擔心著的事情，或是讓我進行應對法、讓自己正面思考的練習。雖然改變自己的想法頗花時間，但卻是能做到的。

今後我想要靠自己一個人的力量站起來。

當然，靠自己一個人站起來會有不安，但我想持續著至今醫師教給我的應對法與練習，每天一步步持續走下去。從小事到大事、瑣事，由美子醫師都沉靜又平穩地聽我述說。所以我什麼話都能跟她說。正因如此，我也能察覺到自己隱藏的心情。非常感謝。

比起「治癒」感覺更像是「學會」。

（四十多歲女性）

我自己是容易緊張的性格，常會想著：「我自己也是這樣？」我一邊想著要做出些改善，又覺得說「治療」太誇張，反而會導致壓力，就放著不管。幾個月前，我去了在廣告上看到的心理諮商，之後，醫師教給了我自律訓練法。比起「治癒」感覺更像是「學會」，就跟學習英文會話，或是在健身房被教練指導運動身體一樣。

今後，我想將之做為一種嗜好持續下去。謝謝柳川醫師！

只花了約八個月，就能覺得自己「已經沒問題了」

（四十多歲男性）

因為受到熱播連續劇的影響，「自我肯定感」這句話成為時下很普通的單詞。在流行這句話之前，我的自我肯定感偏低，會沒來由地害怕他人，即便受到稱讚也無法坦率接受，甚至憂鬱地覺得自己沒那價值，在心中一直懷抱著無形的「不安」而活。回想起來，我發現自己在孩童時期就一直都是這樣，又或者是在青春期的時候才這樣的呢？我連這點都想不起來了。（中略）

初次會見醫師前，我重新仔細思考：「說到底，我自己內心的課題到底是什麼呢？」結果發現是「沒有自我肯定感」。於是我們談論了關於那個「課題」的問題。至今為止的病歷、對自己沒自信、每次去身心醫學科都感到沮喪，這些都是為什麼呢？……明明醫師就完全是個陌生人，但在初次見面的一個小時面談間，我卻覺得好像有說不完的話，連我自己都很驚訝於那樣的表現。然後醫師跟我說：「可是跟您談過話後，我卻覺得，『為什麼這位先生會沒有自信呢？』（笑）」對此，我的回答也很不可思議：「就是說啊，就是這樣呢！（笑）」。

從那之後，不論是此前寫在書本上的知識，還是全都須要身體力行的作業，醫師都很有耐心的指導我並陪著我一起做。例如我在正念書本上讀過的「呼吸法」，雖能認同，卻無法持續下去。但因為有與醫師約定好了，所以才能好好持續做下去，我內心認為：「單只是能讓身體穩定下來，心靈就能變得安穩。」我真的實際體驗到，單只是這樣，人生就會有所改變的效果。我雖知道「內在小孩」的概念，但是醫師把這個在自我心中小聲哭泣的孩子，呼喚到我面前讓我能清楚看見。醫師還總是保持微笑，時而認真時而以開玩笑的方式，指導我其他各式各樣的自我照護法、實踐法以及感受法，一回神就過了八過月，我自己也能感受到：「已經沒問題了。」我能斷言：「目前暫且畢業了！」

不安漸漸散去，想做的事增加了。（二十多歲男性）

去諮商前，我每天淨是想著些不安的事，但去諮商後，不安就漸漸消散了。我曾經罹患恐慌症，對一切都沒有自信。對於碰到的任何事物都覺得討厭，總之對未來很不安。所以我想著，總之至少要先減緩不安的心情而試著去接受了心理諮商。

結果情況一天比一天好了。我覺得很好的一點是，每天簡單一人就能進行練習。我不僅學到了疑似恐慌症要發作前的應對方法，也減少了不安。不用吃藥，只要靠自己的力量就能獲得成效，這點讓我非常高興。

此前因為不安而異常討厭的事物，如今的討厭程度也只剩一點點而已，不安也消失了，因此，想做的事情就增加了。接下來，我想要每天都進行練習，期望強化心靈面，過著充實的每一天。

讓我知道了愛自己很重要這件事是人生的寶物。（三十多歲女性）

因為出現胃痛症狀而接受腸胃科醫師診療時，醫師建議我可以去做心理諮商，因此才遇見了由美子醫師。

一開始，老實說我很困惑。對於接受心理諮商這件事，心中充滿了抗拒與不安。

可是由美子醫師以溫柔包容的方式為我進行了心理諮商。

她絕不會否定我，而是引導我能修正思考，包括戀愛、家庭、職場等方面，讓我現在生活起來十分輕鬆。連我的胃痛也不用吃藥就好了。

我被由美子醫師的一字一句所拯救，並支持我到擁有現今的幸福，對此我真的很感謝。

醫師告訴了我愛自己的重要性就是人生的寶物。此後也要麻煩醫師照顧了，還請多多關照。

讓自己變得積極正向了。（三十多歲女性）

來到此也是某種緣分，多虧了醫師的指導，讓我變得很正向。謝謝。

能心靈安穩地度過每一天，非常感謝醫師。（三十多歲女性）

沒想到，我長年懷抱的心理問題竟能在這麼短時間內（約四個月）獲得解決。我感到很不可思議，而且還能心靈平穩地度過每一天，因此我非常感謝醫師。

獎勵自己。（七十多歲女性）

許久沒對人掏心掏肺了，感覺很暢快。今天有半天都在這麼棒的地方度過，這就是「給自己的獎勵」。謝謝。

只來這裡四次，人生就改變了。（四十多歲女性）

我除了有做諮商還有嘗試過其他的方式，但什麼效果都沒有，可是來到這裡才四次，人生就改變了。

我從總是被追著跑的每一天中獲得解脫，內心感到很輕鬆。真的非常感謝。

前言

大家好。

我是不安專門的心理諮商師柳川由美子。

在這本書中，我會告訴大家能瞬間減輕不安的方法。

「過於想東想西而不安。」

這樣的人並不少。

這類人大多都是完美主義者。

責任感很強，很努力。

總是很溫柔，比起自己，更重視他人的心情。

正因為這樣，他們才無法說出真心話而累積了壓力，導致身心失衡。

又或者是不論看到什麼都會感到不安，所以一旦碰上突發狀況就無法發揮實力。

在一般的印象中，像是這樣自己會覺得很不好意思、沒有自信的人也很多。

「只要消除這些不安，就會變輕鬆……」

我在神奈川縣鎌倉市以及橫濱港未來21的諮商室中，連續幾天都和有著這些煩惱的人們進行諮商。

其中有人長年都在服用藥物。

不過，他們為什麼會依賴藥物呢？其實是因為他們並不知道應對不安的方法。他們不知道在日常生活中只要採用一些自我照護，就能瞬間緩解不安。

我的診所在針對這些人進行心理諮商時，也會一併告訴他們簡單就能做到的自我照護法。

我已將這樣的照護法告知了八千名諮商者。

所有方法都是基於心理學・腦科學，經證實有效的方法。

實際運用過的人也開心地告訴我：

「在短期間內就解決了長年所有的心理問題。」

「不用吃藥，情況逐漸改善了。」

「不再被發作時強大的負面情緒所擊潰了。」

「對自己有了自信。」

因此，在這本書中，我將要介紹讓許多諮商者都回報說：

「立即見效！」

「不安減輕了！」

的不安消除法。

痛苦的時候，依賴身邊的人、專家或藥物是非常重要的。

而與之同樣重要——不，或者該說是更重要的，就是要知道自救的方法。

這麼一來，就能在不安更形擴大前做出應對，不至被不安所吞噬。

在這本書中共介紹有六十二個方法，每一種方法都能讓人覺得：「這個有點有趣。」所以請隨意試試看。你一定會遇見最適合自己的方法。

一旦碰上事情，能讓你心情冷靜下來、找回從容的照護法，對你來說，是必備的安心護身符。

若你能透過本書找到專用的照護法以靜靜地守護心靈，身為不安專門心理諮商師的我，將會感到無上的喜悅。

柳川由美子

要獲得確切的效果，希望大家要先知道這些

在實踐自我照護前，我先統整了一些希望大家事前先知道的事項。閱讀完這些事項後，就能實際感受到有確切的效果，所以請不要略過不讀喔！

為什麼會感到不安呢？

首先，我想告訴大家的是關於「你為什麼容易感到不安呢？」這件事。

為什麼呢？

原因就出在我們人類天生就是這樣的生物。

人類之所以會意識到「不安」，是被編入基因中的。

在遠古時期，我們祖先最怕的一項事物就是潛伏在原野的劍齒虎等肉食動物。

祖先即便是沉浸在美妙的幸福中，像是正在吃著美味的食物、與同伴們聚在一起歡樂，一旦感受到會威脅性命的猛獸氣息，就會立刻把注意力轉向該處。碰上令人感到不安的對象時，就會與之戰鬥，或是逃跑。若沒有立刻做出判斷就會被一口吃掉。人們對於存活一事用心良苦，會立刻感知到不安的氣息，並進行風險管理。

這些人們的子孫，就是現今的我們。

祖先的ＤＮＡ對不安很敏感，而生存在現代的我們也繼承了下來。

因此，會對不安很敏感也是很自然的。

隨時都在守護你的安全——勇敢的「小不安」

之所以會對不安敏感，是因為這是生存所需。

不安會告訴你：「喂！危險喔！要是這樣下去，情況可就糟糕了唷！」是很重要的警鐘。

而且這個警鐘隨時都在運作著以保護你的安全。

此外，它非常敏感，即便只有一點小風險也會立刻察覺，然後告訴你：「沒問題嗎？現在最好要做些什麼唷！」一年三百六十五天，全年無休，一直保持警戒。

只要這麼一想，就會覺得不安好像還滿惹人憐的呢。

這個讓人想叫它「小不安」的警鐘，只要碰上一點點風險就會立刻告知我們，託此之福，我們才好不容易能在許多危險時刻中存活下來。

不過，小不安因為過於認真工作，所以很敏感。為此，即便經過了一萬年，到了已經擺脫被猛獸襲擊危險的今天，我們仍舊是一感受到不安的警報，

守護你的勇敢的
「小不安」

就會反應過度。

因此，我們容易在面帶微笑的人群中，看到僅有一人發怒的臉；比起快樂的日子，會更容易記得難過的日子；比起他人跟自己說了哪些開心的事，卻總是會想起那些討厭的事。

只要一發現消極負面的感受，不安的警報就會立刻響起。

再重複一次，不安是守護你遠離風險的重要警鐘。

只要一提到不安，人們難免會聯想到負面消極，但並其實並非如此，它是非常重要的存在，會告訴我們：「這樣下去會有危險，要預作準備。」

因此，你容易感受到不安是很自然也很正常的。

許多人都容易把「不安的自己」想成是「沒用的自己」，但絕非如此。首先請大家確實了解到，不安的情緒有著重要的意義。

話雖這麼說，若不安警鐘響得太吵了，也會帶來困擾。

會變得無法去做該做的事。

若「要是在這件工作上失誤了……」這種不安警報過於強烈，就會讓人陷入恐慌，無法進行新挑戰。

若「要是被那個人討厭了……」這種不安警報響得太大聲，人的腦中就會變得一片空白，說不出該說的話。

來自於不安的恐懼會讓思考停止，之後便會陷入棘手的狀況中，即便知道會這樣，卻仍是動彈不得。

側耳傾聽「小不安」的聲音……

那麼，要如何才能不因為不安而停止思考、動彈不得呢？

首先是察覺到「啊！現在不安警報正在作響」。
察覺到後，視不同警報的類型給予必要的照護。

到目前為止說過了很多次，不安警報的任務是在通知我們：「有這類型的危險靠近囉！」像是「要是繼續這樣下去，似乎會和某人起糾紛？」或是「因為愛不夠，心靈好像要枯萎了？」

勇敢的小不安透過心臟的怦怦跳、內心的鬱鬱不快，告訴了我們這些危險。

因此，首先要察覺到小不安的聲音，並側耳傾聽。

只要這樣，達成「告知危險」這個任務的不安警報聲，就會小到令人驚訝的地步。

而且，只要知道自己感受到的不安種類，就也會知道恰當的照護法。

本書所要告訴大家的，就是依不同種類小不安所進行的照護法。

只要確實給予照護，不安警報就會逐漸變小。

潛意識的「惡作劇」是？

若你認為：「要是有那麼好的照護方法，我一定要試看看！」

這樣的心態非常好！

但是，雖然想要盡快去實踐這些方法，還是請稍等一下。

在這之前有件事希望你能知道。

那就是潛意識的「惡作劇」。

我們的潛意識很喜歡習慣了的事，討厭改變。因為我們不知道若是改變了，之後會變得怎樣。不知道，就會不安。所以，對不安很敏感的我們，就會無意識地懼怕改變。

關於這點，《電話人生諮詢廣播節目》（テレフォン人生相談）主持人，同時也是早稻田大學名譽教授的加藤諦三先生在著作《四十個提示，消除不安的方法》（暫譯，不安のしずめ方40のヒント）中如是寫道：

「我在這幾十年內看過了許多人，拚了命地在執著於不幸。因為對人類來說，比起不幸，不安是更為強烈的情感。人為了逃避不安，就死纏爛打地緊抓住不幸。」

也就是說，與其選擇變化而導致不安，我們的潛意識會寧可選擇像現在這樣持續不幸下去。

聽我這麼一說，你是否有些什麼頭緒呢？

明明知道只要踏出一步就能獲得幸福，卻無法痛下決心換工作，或是出聲向想與之建立好交情的人打招呼，或是在美容院中總是指定做同款髮型……。
就像這樣，對潛意識來說，「改變」是很可怕的。

因此一旦想要進行新挑戰時，潛意識就會立刻對你要做的事踩煞車。
說起來……就是這麼回事呢。所以從現在起，請試著稍微快速翻閱一下這本書吧。

書中有好幾項練習，看著那些練習，你是否會有如下的想法？
「咦？做這練習……有什麼意義嗎？」
「這種練習，做了也沒用。」
沒錯，就是這些想法！
這些心聲正是潛意識的惡作劇。
害怕變化，想停留在現在，這就是無意識的煞車。

就這樣踩下油門吧！

而此處重要的是——踩煞車就表示已經發動了引擎。變化已經開始了。

因此愈是聽到「就算做了這些事，也不會有任何改變喔」這種聲音時，其實就愈是機會！

請試著實際去做寫在本書中的方法。

因為唯有行動才能將你從現在所處之處帶往他處。

其中，應該會有「你已經知道了」的練習，但重要的不是知道，而是要去做。

只要持續做同樣的事，就只會獲得和此前一樣的結果，若開始了錯誤的行動且持續下去，最終就會出現錯誤的結果。

你須要做的，是腳尖用力，踏出第一步。

不要停下來，要繼續走下去。

這麼一來，最終就能看見嶄新的景色。

那裡會有著至今為止你沒看過的景色——有著會幫助你的事物、帶給你幸福的事物等，一定可以找到多個讓你興奮雀躍的「可能性」。

能找出嶄新可能性的柔軟心，或許是能將此前讓你痛苦的不安轉變成讓你閃閃發光的力量。

那麼，讓我們開始吧！

【目錄】

第二章 「人際關係的不安」瞬間消失了！

第三章 從「恐慌狀態」瞬間穩定下來！

第四章 「隱隱的不安」消失得一乾二淨！

第五章 「痛苦的創傷」默默地就消失了

第六章　找回雀躍的心！

第七章　為了以好心情展開明天新的一天

第　一　章

減少因沒自信而產生的不安

若對自己沒自信，不論做什麼都會感到不安。
可是，反過來説，只要擁有自信，不安就會減輕。
盡量「對自己説 OK」吧！

Q1 覺得「像我這種人真沒用」而感到不安時①……

我們就先從非常簡單又有效的方法開始吧。

對自己沒自信，不禁容易想著：「像我這種人……」的人，請務必試試以下的方法：讓身體比心靈優先感受到愛。

要做的事只有兩件。

①首先，將雙手交叉於胸前，上下摩擦上臂。

透過摩擦手臂，大腦就會受到刺激，分泌出「催產素」這個荷爾蒙。催產素是一種神經傳遞物質，又被稱為「愛情荷爾蒙」「擁抱荷爾蒙」。據說只要摩擦手臂外側以及後背就會分泌。

媽媽經常會一邊說著：「好乖好乖。」一邊輕拍孩子的後背吧。拍背後孩子會分泌出催產素並安下心來。

像這樣輕輕地摩擦著上臂，

並請做②，對自己說些體貼或慰勞的話。

「嗯嗯，你很努力呢。很了不起啊！」

「沒問題、沒問題。做得真好呢！」

面對失去自信的自己，就要這樣說。

實際去做之後就會知道，從平常起就要對容易否定自我，說出：「不、不，沒這回事，像我這種人……」的自己進行讚揚，並輕撫上臂，此時內心會瞬間軟化，能自然而然接受自己。

請試著宛如理想中的母親般貼近自己，帶給自己活力。

沒錯，這就是催產素的效果！

只要給予身體愛，心靈也放會鬆下來。

我也會對初次諮商者說：「請試著反覆進行這個練習喔。」實際去做了這個練習後，有很多人都會說：「自己好像變得非常沉靜下來了。」

順帶一提，我們都知道，與喜歡的人做肢體接觸也有減輕壓力的效果，但近年也得知，自我撫觸也有同樣的效果。

根據德國的歌德-美茵河畔法蘭克福大學（Goethe-Universität Frankfurt am Main）心理學研究所吉沙赫．德萊梭那等人的研究，不論是來自陌生人的二十秒擁抱，還是自己進行的二十秒自我撫觸，都會降低壓力荷爾蒙皮質醇的濃度。

此外，比起陌生人的擁抱，自我撫觸減輕壓力的效果更好。

不是只有愛的人會陪在自己身邊，這時候，「你」也一定都會在「你」身邊。

想起這個存在，就是想起自己有著強大的盟友。

這個「撫觸上臂+慰勞的話語」的練習會成為一個契機，讓人想起自己不是孤身一

A

用「撫觸上臂＋慰勞的話語」來湧現自信！

人的，所以在一天中要盡可能多做幾次，不要只做一次。

做的次數愈多，不安愈會減輕。

只要在睡前做，就能睡得很好喔！

Q2

覺得「像我這種人真沒用」而感到不安時②……

話雖這麼說，但有些人仍會認為「很難稱讚自己」，因此我還有一個方法可以推薦給大家。

首先，準備好膨軟的玩偶，然後為它取一個跟自己很像的名字。

若你叫花子，那就叫它「小花」，以類似的方式取名。

有了名字的玩偶就是你重要的「分身」。因為是分身，你所感受到的不安與沒自信，這個玩偶也會感受到。

因此，你感到沒自信且孤獨時，請試著溫柔地對感受到同樣心情的玩偶說話。

「小花，今天前輩對你說了不好聽的話嗎？很難受吧！」等。

或是「明明就對那個人打招呼了，卻被忽視……應該很難過吧。」等。

就像陪在有些疲憊的朋友身邊般，對玩偶說些話。

同時，要一邊說話，一邊輕撫玩偶或是緊緊抱住玩偶。

這麼一來，就會像是自己被擁抱著般，內心會溫暖起來。

其實我們已經得知，透過撫摸、擁抱膨鬆軟棉的東西，就會分泌出前面提過的愛情荷爾蒙──催產素。

我們在抱著某樣東西時，會覺得好像自己也被擁抱了，這或許就是因為這個催產素的緣故。

心情上獲得滿足後，最後再對玩偶說些慰勞的話吧。

像是「可是沒關係的唷，因為小花很努力啊！」之類的。

雖然難以面對自己，但若對象換成了玩偶，就能輕鬆以對了。

這是股意想不到的力量呢。

其實，有很多研究都證明，只要像這樣體貼自己，就會出現各種效果，像是減輕壓力、提升幸福感、提升心理韌性（直接面臨到困難與威脅的狀況時，「能順利應對的能力」）以及預防、改善不安與憂鬱等。

若不擅長體貼自己，就請試著進行這項練習吧。

A 試著溫柔對待可愛的玩偶吧！

Q3 覺得「像我這種人真沒用」而感到不安時③……

不過，其中也有人是難以對自己說「我很努力」「做得很好」這類慰勞話語的。

這時候就不要勉強，而是要認可沒有自信的自己。

接受「消極的自己也無所謂」。

說到底，接觸到自己不喜歡的資訊時，當然會覺得不安。

例如朋友獲取比自己更好的成績時、朋友比自己先交了女朋友時，會感受到嫉妒，不安地想著：「與之相較，自己卻是……」會有這樣的情況是很一般的，這就和撞到東西會疼痛是一樣的。

疼痛是為了讓你能活下去而告知你必須要進行治療的警報。

負面消極的情緒也與之相同，是在通知你，要活下去就必須做出某些處置。

因此，若忽視了警報，它就會愈變愈大聲以希望你會注意到。可是只要注意到「警報在響」警報就會完成了「通知」的任務而瞬間結束鳴響。

所以，感受到不安時，只要關注自己的感受，像是「若出現了那樣的差距，就會失去自信了呢」「很不安吧」就ＯＫ了。

不要否定感受到的情緒，請如實地接受「會沒自信是很自然的，可以沮喪沒關係喔」「可以不安沒關係喔」。

不須要勉強自己變得正面積極。

只要一想到要努力，就又會開始指責無力的自己。

A

輕鬆承認「沒用的自己也ＯＫ！」吧。

不論是消極負面的自己還是脆弱的自己，一概接受包容才是自我肯定。

只要輕鬆承認「沒用的自己也ＯＫ！」心靈就會變得有韌性又堅強。

Q4 無法停止「指謫自己」時……

承認自己很不安是獲得柔韌心靈的第一步。

話雖這麼說，只因為一點事情就立刻想著「我真沒用啊」，或許是因為心靈習慣這樣思考。

若有這樣的習慣，就容易經常指謫自己，因此很快就會感到痛苦。

若是想到：「我或許有些過度指謫自己了？」可以在開始指謫自己時，試著在語尾加上「我以前是這麼想的」。

例如像是：「『我還真是沒用啊』我以前是這麼想的。」

只要使用過去式來做結尾，情況就會截然不同。

「『我還真是沒用啊』我以前是這麼想的。但現在或許不一樣了？」想法就會自動改變。

這樣一來，就能逐漸消除掉總會認為「自己很沒用」的心靈思考習慣。

不禁就會自卑的人請務必記住這個咒語。

A

用過去式來做結尾，例如：「『我還真是沒用啊』我以前是這麼想的。」

Q5 無法喜歡做事不順利的自己時……

來到諮商中心的諮商者中，多數人都「對自己沒自信」，但會這麼想的這群人，其實都與自我的評價相反，每位都非常優秀。

他們或是創業家，或是經營者，若是公司員工，則是在公司內擔任重要職位。若是學生，則是成績非常的優秀。

就我看來，這些人比其他人都還要努力，而且也拿出了非常漂亮的成績。

可是他們卻說：「沒自信」「自己做事做得不順利」。為什麼會這樣呢？

其實這些人都有一個共通點——完美主義。

一旦目標是做到完美，在一〇〇％中即便只有不足一％，都會覺得「做不到完美的自己很沒用」。可是，沒有人能做到完美，所以就會一點一滴喪失自信。

這類完美主義者的特徵就是總會想著：「一定要……」。

「工作一定要做到完美。」

「一定要唸書以保持好成績。」

「一定要做好家事。」

「不可以向他人抱怨訴苦。」

說不定你平常也是這樣思考的？

但其實就他人看來，只會覺得是「真的非得一定要這樣嗎？」

或許工作上不用做到完美，差不多就好，又或許只要重要時刻獲得好成績就好，用不著每次都考高分。家事也是，不用做到最好，只要做到最低限度，生活就能過下去，而且也有人會認為偶爾發發牢騷的你很可愛吧。

一旦認為「一定要……」就無法有彈性地思考。

一旦思考沒有彈性，在累積壓力時，心靈就容易脆弱受挫，也容易陷入憂鬱狀態。

為了找回心靈的柔軟度，不無謂地喪失自信，若是察覺到了自己在想著：「一定要……」就要改說：「要是能做到……就好了呢。」

「工作一定要做到完美。」→「工作要是能做到完美就好了呢。」
「一定要唸書以保持好成績。」→「要是唸了書能保持好成績就好了呢。」
「一定要做好家事。」→「要是能做好家事就好了呢。」
「絕對不可以向他人抱怨訴苦。」→「要是能不向他人抱怨訴苦就好了呢。」

也就是說，改想成是「要是能做到……就好，但就算做不到也沒關係」。
只要不要求完美，就不會為壓力煩惱了。

也不會無謂地討厭無法做到完美的自己。
只要降低難度，擁有「寬容」的思考方式，責備自己的心靈之聲就會逐漸消失了。

A

使用「要是能做到就好了呢」來降低難度。

Q6

總是只看到自己的缺點時……

人的特質就是總會將目光放在「不足」上。

例如看著左頁圖A的「圓」以及圖B「有缺口的圓」時，我們會不自覺把注意力放在B，目光經常停留在B缺口的部分呢。

這點在我們看待自己時也一樣。

一旦看向了有欠缺的部分，就會愈來愈在意那部分。

所謂欠缺的部分，就像是缺點（這類自己認為的部分）。

或是「自己的書念不好」，或是「頑固」，或是「畏縮不前」等……。

但其實B所欠缺的部分正藏有許多的優點。

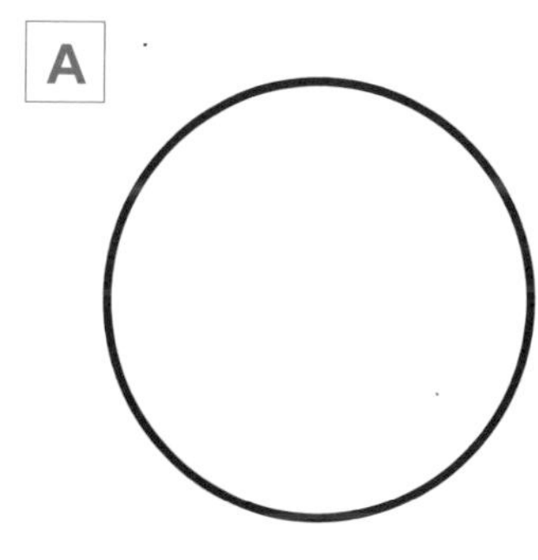

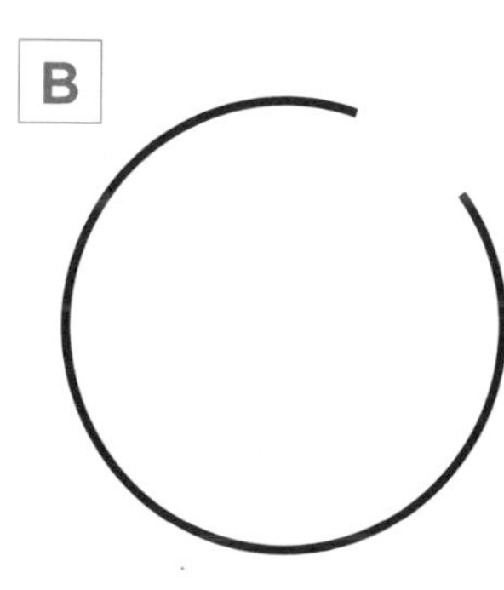

例如「溫柔」「認真」「果斷」「開朗」「深謀遠慮」「好奇心旺盛」「喜歡讓人開懷大笑」「有喜歡且能持續做下去的事」等等。

明明有很多的優點，但人們卻總是會關注那不足的部分。

那麼，比起自己的缺點，我們該如何將意識聚焦在優點上呢？

一個簡單的方法是，利用「加法」來看待自己。

要養成習慣，不要去數自己沒有哪些東西，像是要關注「我能做到那件事！」而非「我無法做到那點」，又或者是要想到「我有這個！」而非「我沒有那個」。

為此，我們首先要條列出自己的優點。不清楚自己優點的人也可以去問與自己親近的人。

只要將之寫成眼所能見的形式來看，就會興奮地發現：

「什麼啊，自己也是有不少優點的嘛。」

不知道自己長處的人，請試著寫出自己能做到的事。

像是「會做菜」，或是「會仔細聽人說話」，又或者是「成功完成那分計畫」等。

看吧，有不少吧？

若是用減法去計算有哪些做不到的事，會無謂地降低自尊感，但若用加法來計算能做到的事，就能一點一滴培養出自信。

A

停止使用減法，用加法來看待自己吧。

我們的腦中，會對刻意去找尋的事物增加其存在感。

因此，若能用加法聚焦在自己的優點上，就會隨之逐漸地不去在意缺點了。

這麼一來，「有缺陷的圓」就會變得圓滿，接近完美的「圓」。

Q7 不論做什麼都無法湧現自信時……

有許多因為恐慌或憂鬱症狀而煩惱的人會因為壓力而很喜歡吃甜食或碳水化合物。可是在甜食以及碳水化合物中含有許多的「醣類」，那會讓恐慌以及憂鬱的症狀惡化。若攝取過多「醣類」，血糖值會出現激烈變化，同時引起強烈的睡意、專注力低下、煩躁不安、焦躁感等。

因此，若是想抑制症狀，就必須極力避免食用醣類，改多攝取替代的能量源——蛋白質。

此外，飲食的順序也很重要，以「蔬菜」→「蛋白質」→「碳水化合物（或是醣類）」的順序來進食，就能防止血糖劇烈變化，也能穩定精神，所以很推薦這樣吃。

而且若是吃了較多的甜食，最好要攝取足夠的維生素B群。

身體要處理吃了過多的甜食，就要使用到維生素B群，但其實，維生素B群也是製造被稱為「幸福荷爾蒙」的血清素的必要營養成分。因此，若是吃了許多甜食而導致維生素B群不足時，就容易因為缺乏血清素而變得憂鬱。

所以，戒不掉甜食的人，請在早．中．晚每餐餐後攝取維生素B群（每次吃五十mg）。這麼一來，就能逐漸改善恐慌以及憂鬱的症狀。

若是高中生來諮商，進行諮商的同時，我會要他們控制醣類攝取量並攝取維生素B群，結果本來因為憂鬱而無法湧現出專注力、幹勁，位處吊車尾的成績，半年後竟然爬升至了頂尖！藉由改善飲食生活，真的可以回復專注力呢。

同時，有恐慌或憂鬱症狀的人之中，許多人的腸內環境似乎都是不好的。

我們都知道，有憂鬱症的人是血清素的分泌量比較少，而有九十％的血清素都是在腸道內合成的。因此，若是腸內環境不好，就無法製造出幸福荷爾蒙血清素，人會變得愈來愈憂鬱。

心情上一旦鬱鬱寡歡，就會變得怯懦、沒自信。

因此，難以湧現出自信時，或許原因就出在腸內環境。

在此建議大家可以食用「油」。

首先是MCT油。這是從耶子或是棕櫚中只提煉出中鏈三酸甘油酯(Medium-chain triglyceride)，有著能改善腸內細菌平衡以及黏膜的效果。透過每天在蛋白質飲料或湯品中加入一小匙（十五CC）來食用，就能調整腸內環境。若單純只喝油會容易腹瀉，這點請注意。

還有另一個推薦的是食用含多量ω-3脂肪酸的亞麻仁油或紫蘇油。

這些油與將在腸內製造的血清素搬運到大腦中有關。我們的大腦有六十％是由油（油脂）構成的，血清素會被油搬運到必要的場所去。可是，若油的品質不好，就無法順利搬運，血清素也無法順利起作用。因此，我們每天都要攝取品質優良的ω-3脂肪酸係油品。此時的食用法是可以每天在料理中加入一小杯，也可以直接食用。

我之所以會對營養療法感興趣的契機，是在日本首屈一指的溝口徹醫師的診所接受諮詢時。自那之後，在我的諮商室中，除了會使用一般的諮商，針對對營養療法有興趣的人也會一併進行營養療法，就改善恐慌以及憂鬱的症狀上，可以看到驚人的效果。

不論是攝取大量醣類的人，還是在意腸內環境惡化的人，只要試著嘗試一次修正飲食習慣，似乎都會有所改善。

A

試著改變飲食。

只要對自己說出「OK」，心靈就會變輕鬆！

容易憂鬱的人在想法上有個特徵。

那就是容易自我否定：「I'm not OK.（我很沒用）」

那樣會導致看周遭的人都過於優秀，變得認為：「I'm not OK,You're OK.（那個人很優秀，我卻很沒用）」逐漸喪失自信。

若長久持續這樣的狀態，心情上就會完全變成是消極負面模式。

隨之覺得：「I'm not OK,You're not OK.（不論是我還是世界上的所有人，全都很沒用）」

覺得單只是活著都很痛苦的人，看待事物的態度就是這樣的呢。

那麼，以哪一種狀態活著是最輕鬆的呢？那就是：

「I'm OK.You're OK.（我跟你，還有所有人都很ＯＫ）」。

只要像這樣肯定自己與周遭的人，不滿就會消失，獲得與憂鬱無緣的心靈。

要達至這境界的重點，就是比起對對方說，更是要先對自己說ＯＫ。

自尊感較低的人若先對對方說ＯＫ，就不禁容易看低自己的想著：「那個人很優秀。與之相較……」可是若先對自己說ＯＫ，自然地就會認為：「我跟那個人，還有其他所有人都很不錯呢。」

因此，重要的是要先對自己說「ＯＫ」。

在第一章中，已經告訴了大家能做到這點的方法。

雖然也有很多人會擔心：「可是，要對自己說出ＯＫ什麼的，感覺好像在縱容自己似的。我會不會變得很任性啊？」但是，請別擔心。

只要能對自己寬容些，就不會介意也對別人寬容。

最後，你就會成為能為人們所寵愛的人。你不會變得任性，而是會成為能溫柔待人的人。

即便如此，若還是有人認為：「很難一下子就對自己說出ＯＫ啊～」並察覺到會自我否定時，可以試著在心中唸誦：

「原諒逼迫自我的自己。原諒。原諒。

我已經原諒了會逼迫自我的自己。已經原諒了。已經原諒了。」

藉由原諒嚴格的自己，漸漸地就能說出「ＯＫ」了。

順帶一提，有時也會有人認為：「I'm OK. You're not OK.（除我之外，所有人都是笨蛋）」，那只是透過貶低他人來讓自己看起來很了不起的表象，實際上的狀態還是對自己沒自信。

這些人也是，只要持續去做第一章的練習，心中就能生出餘裕來。

第 二 章

「人際關係的不安」瞬間消失了！

不論是面對莫名討厭的那個人，
還是有著過度壓迫的人，
只要知道一點小訣竅，
就能輕鬆和對方溝通。

Q8

打招呼被無視，心情沮喪時……

都特意和某人打招呼了，卻被他忽視……。

這時候應該很多人都會不安地想著：「被無視了？我被討厭了嗎？」「難不成我做錯了什麼事？」。

可是，若沒有頭緒，就不要去深掘對方不回覆你打招呼的原因了。**因為對方心情不好的原因，並不侷限在你身上。**

平常容易感到不安的人，常有覺得「什麼事都和自己有關」的傾向。

所謂的什麼事都和自己有關，指的是認為發生的負面事件原因全都出在自己身上。

會認為所有事都和自己有關的人，竟然在天氣不好的時候也會認為「或許都是自己的問題」。

你是否也曾有過以下的想法呢？「因為自己是雨女（男）」或是「因為自己平常做的不好，在重要的日子中才會下雨」之類的。

可是只要冷靜思考就知道，單靠一個人的作為是不可能左右天氣的。然而若內心有著不安，就會把壞事的原因都想成是出在自己身上。

上司之所以沒有回應你的打招呼，或許是因為在家中與妻子吵架而煩躁，又或許是因為在處理工作的事而沒空注意旁邊的人。

伴侶之所以沒有回應，或許是因為身體不舒服而無法顧及你，又或許是因為與朋友有了爭執而心情低落。

實際上，對方有著許多你所不知道的隱情。

因此，若你心中沒有頭緒，就有很高可能性是因為其他的緣故。

對方之所以不回應你的打招呼，一定是因為有某種原因，而若沒有去詢問對方，我們就不會知道是什麼原因。

擅自鑽牛角尖地去想不知道的事，就某種意義上來說，就是過於在意他人眼光（笑）。

因此，若對方沒有回應你的打招呼，讓你想著：「是我的問題？」時，就試著吐嘈自己：「才不是、不是，那個人才沒有一直想著我的事呢。都是我自己太過在意他人的眼光了！」

加上這樣的羞愧心理，就完全不會去在意對方沒回應這件事了。

A 不要刻意將他人的不開心牽扯到自己身上來。

Q9 覺得被人討厭而感到不安時……

除了打招呼被無視外，各位應該也有過像是在與人稍微聊點天或是與認識的人視線交會時，會不安地覺得：「說不定自己被討厭了……」

不過像這種時候，若沒有頭緒自己做了什麼錯事，大致來說就是覺得什麼都跟自己有關的想法。也就是錯覺。

雖然知道這點，但若一旦陷入了「或許我被討厭了？」這樣負面的成見中，就很難脫身而出呢。

這時候就要藉助「狗狗」的力量。請試著做以下的想像吧。

你在腦中養了很多隻狗。

這些狗都是你「思考的習慣」。

例如認為「我沒錯」，或是不禁就會想著「我還真是沒用」等。

所有人都會有幾個這樣「思考的習慣」。當然，你也會有。

我們要把這些思考的習慣各自看成是一隻一隻的小狗。

就像是以下這樣：

「我沒錯（我是正確的）」＝「正義的小狗」

「我還真是沒用（自己很差勁）」＝「喪家犬」

這麼一來，容易想著「或許自己被討厭了」的人，就是養著「或許被討厭了的小狗」。

這樣的你在莫名地覺得「自己或許被討厭了」時，就可以想成是：「現在『或許被討厭了的小狗』正在玩鬧著呢。」這麼一來，意識就可以瞬間回到「現在不過是我思考的習慣在作祟而已」這個事實上來。

之後只要安慰地說：「好乖好乖，沒關係的喔。」並輕撫你心中「或許被討厭了的小狗」，讓牠回狗窩裡去就行了。

單只是這樣，「或許被討厭了」的不安就會瞬間消失。

接下來，就讓「鼓勵的小狗」出場，只要對自己說：「我有這麼吸引人的優點，所以可以擁有自信！」並給予自己力量，這樣就很完美了！

順帶一提，把自己的負面思考比喻成「小狗」來控制的方法，是由心理學家伊洛娜・博尼韋爾（Ilona Boniwell）博士所提出的。

博士將人們負面的思考慣性分類為「正義的小狗」「批判的小狗」「喪家犬」「擔心的小狗」「道歉的小狗」「放棄的小狗」「冷漠的小狗」七大類，並主張，這些想法並非自己天生的性格，可以想成是「不過是心中有這些小狗棲息著」而變得容易控制。

A

想像是「或許被討厭了的小狗」在嬉鬧。

（「或許被討厭了的小狗」的部分是我分類整理的）

關於思考與情感的飼主就是你自己。

確切地認識到小狗們的存在，並管理牠們的出場吧。

Q10 覺得「自己容易被人霸凌」時……

很遺憾地，有些人容易遭受到霸凌。

不過，容易被霸凌的人有時也會明顯釋放出「請來霸凌我」的訊號。

其中一個訊號就是「低著頭惴惴不安」。

「可是會惴惴不安也是莫可奈何的呀。因為我對自己沒自信……」

或許你也是這樣想的？

但也許你是把「原因」與「結果」弄反了。

不是因為沒自信（原因）才惴惴不安（結果），或許是因為惴惴不安才會沒自信。

證據就是，只要打直背脊、抬頭挺胸，之後的行動就會出現有趣的改變。

我自己曾參加過能體驗到這情況、關於「薩提爾分類」的練習坊。

「薩提爾分類」是由美國心理治療專家維琴尼亞．薩提爾所做出的分類，將表情、動作、聲音等非語言資訊用人物形象來做分類。

類型有五種，分別是「討好型人」「指責型人」「超理智型人」「一致型人」「打岔型人」。這些人各自都有其肢體語言以及聲調。

在此不做詳細的說明，但在我參加的練習坊中，會將參加者分成兩人一組，交互體驗「討好型人」與「指責型人」的角色。

扮演「討好型人」時要做的就是將手心朝上，然後稍微有點低著頭說話。就像「哈哈」笑著伏低做小那樣，擺出畏縮的姿勢。

另一方面，在扮演「指責型人」時，則要打直背脊、揚起下巴，手指著對方說話。擺出威嚇對方的姿勢。

這麼一來，結果會如何呢？

首先，若是扮演「指責型人」，以蔑視的態度指著對方說話，就會莫名有股衝動想攻擊對方。例如在「我喜歡紅茶」這點上也是，總之就是會責備、指責對方：「我是喜歡紅茶沒錯，但你為什麼會知道？話說回來，為什麼你又沒有準備！」

可是另一方面，若是扮演「討好型人」而伏低做小的說話，心情上就會逐漸變得卑微，變成是請罪模式：「我喜歡紅茶。真是很不好意思。我居然會喜歡紅茶……真是抱歉」。不用說，態度上就會變得是：「是我不好，請責罵我吧。」

自己本身沒有改變，但因為採取不同的姿態，而使得心情、態度丕變。真令人吃驚。

若是採取低頭的姿勢，言行舉止也會變得很畏畏縮縮，因而誘發對方的攻擊性。

那麼，該怎麼做呢？首先就是改變姿勢。

雖然採用「指責型人」的姿勢是有些太過了，但建議要挺直腰桿、打起精神來。

其實，從哈佛大學的社會心理學家艾美・柯蒂（Amy Joy Casselberry Cuddy）博士的研究就可以得知，只要採取抬頭挺胸的姿勢，就會增加「睪固酮」這個荷爾蒙。

睪固酮是能提高決斷力、積極性、攻擊性的荷爾蒙。

也就是說，單只要打直背脊、抬頭挺胸，就能幹勁十足。

若想讓自己從惴惴不安畢業，就打直背脊吧！

A

伸直背脊，抬頭挺胸。

Q11 似乎被人認為「說話很無聊」而感到不安時……

不擅長溝通的人之中，有不少人是想著：「要是說了奇怪的話，被人覺得無聊……」而結巴的。

這時候可以試著多多在談話中使用魔法的話語——「謝謝」「真開心」「幫了我一個大忙」。

這些話語全都是表示「感謝」的話語。人若是受到他人的感謝就會感到開心。因此，面對這麼對自己說話的人時，就會覺得「真開心！好想繼續跟他說話」。

其實我本來也很不擅言辭，是討厭把情感說出口的類型。因此不太會說「真開心」「真是幫了我一個大忙」等。

但是，我在開設講座的大學中，會刻意地對工作人員使用魔法的話語，像是：「非常謝謝你幫我影印資料。真是幫了我一個大忙。我好開心喔。」結果能輕鬆與之對談的人就增加了，在職場上的心情也變愉快許多。

順帶一提，告訴我這些關鍵字的心理學老師也會在家庭中積極對妻子說這些話。之後，他們的家庭關係似乎也變得非常美好呢。

A

說「謝謝」「好開心」「真是幫了我一個大忙」來讓對方歡喜。

Q12 和不喜歡的對象說話而感到不安時①……

和不喜歡的人說話，不僅提不起興致，還會有點緊張吧。
對方也會察覺這樣的氣氛，彼此的態度就會變很僵硬。
心理上永遠都會有「隔閡」感……。

在意這樣的狀態時，就先讓彼此心連心吧。
首先請在自己與對方胸口的位置想像各自都有個♡。
接著想像你的♡和對方的♡連接在一起。
如何？是不是突然覺得對方一下子就變親近了呢？

在這個狀態下，若是想著要向對方的心來說話，很不可思議的是，緊張的感覺就消失了，你將可以主動展現出親切。

一點一滴地傳達出這樣的感受，對方也會逐步放輕鬆。

回過神來，就能開心說話了。

A

想像對方與自己的心緊緊相連。

Q13 和不喜歡的對象說話而感到不安時②……

跟不喜歡的人說話時，還可以用另一個有效的方法。

就是把對方當成是「交往十年的朋友」來說話。

若對方是交往很久的朋友，就能輕鬆說話。

人際關係就如同鏡子般。你若是放輕鬆了，就會反映出那樣的氣氛，對方也會跟著放輕鬆。所以若把對方當成來往十年的朋友對待，很多時候，對方也會回以相同的反應。

順帶一提，若對方是難相處到難以把他想成是朋友時，可以事先對該人難相處的地方做認知重建，找出對方的優點。

認知重建是指，從另一個角度來看待事物，找出如自己期望般的狀態。

例如以下的例子：

「執拗」→「堅忍不拔」

「頑固」→「堅持」

「任性」→「能有自己的意見」

「性急」→「反應快」

「遲緩」→「仔細」

「放蕩」→「不拘泥」

「優柔寡斷」→「深思熟慮」

「軟弱」→「重視周遭的人更勝於自己」

就像這樣，把對方難相處的部分看成是優點，想成是：

「那個人說話的方式雖然很尖銳，但那是在認真工作呢。」

「雖然他相當隨便，但是個不拘泥而胸襟豁達的人吧。」

只要這麼一想，不喜歡對方的心情就會稍微緩和下來了。

這麼一來，或許就不難把不喜歡的對方想成是「交往十年的朋友」……（笑）。

順帶一提，只要學會認知重建的做法，就能掌握住自己的優缺點，漸漸減少自責、消極。如果你有著不禁就會自卑的習慣，希望你務必要學會這個技巧。

A

把對方想成是「交往十年的朋友」來說話。

Q14

有煩躁的人在場而退縮不前時①……

有的人總是莫名地心情不好……你四周是否有這樣的人呢？

若那是自己的家人或伴侶，或是上司，會相當令人困擾吧。

即便不想受到影響，但人只要待在相同的空間中，就會受到彼此的影響。

為了不受到對方消極心情的牽連，連你自己都煩躁不安、心情不好，請務必要嘗試以下的方法。

①想像在自己和對方之間有著透明的強化玻璃。

②在心中唸誦著：「我有這個玻璃防護，所以沒問題，不會受到影響的。」

③意識到自己有盾牌守護著，是很安全的。

A

想像與對方之間有著透明的強化玻璃。

四周有威力強大的盾牌，對方的不開心不會傳播到你這裡來。安心地、一如往常地與對方交談吧。

這時候可以不用去在意對方的反應。若是在意，不開心的人就會覺得：「這個人似乎會照顧自己的情緒。」於是會更加擺出情緒化的態度。

正確的做法是忽視對方的不高興，冷靜自持。

Q15

有煩躁的人在場而退縮不前時②……

還有另一個方法，可以在面對煩躁的人時不會退縮不前。

那就是把「煩躁的人」當成是「有困擾的人」。

其實，煩躁的人內心正叫苦連天著：「為什麼事情不能如自己所想的發展！」例如明明很努力了，工作或課業的成績卻不見起色。

然而上司或家人卻不理解他，只會對他發怒……。

所以，若身邊有煩躁的人在，就試著用「這個人很困擾呢」「是發生了什麼問題吧」這樣的眼光來看待他們吧。

這麼一來，就會湧現同情心，覺得對方「似乎很辛苦」而沒那麼恐怖了。

所以，就算對方很煩躁，你應該都能以平常心應對。

其實煩躁的人對這樣的態度是很感激的。

容易煩躁的人大多會被周遭的人疏遠，所以不會避開自己的人是很珍貴的。

你那種不會煩躁行動的態度，或許正拯救了易怒的人。

A 把「煩躁的人」想成＝「有困擾的人」。

Q16

害怕被討厭，不敢說「NO」的時候……

曾有一位很不會說「ＮＯ」的女性諮商者來過診所。

她在經營花店，若是被認識的人拜託，就算是很忙的時候也不會說ＮＯ，而是會減少睡眠時間來完成工作或是被拜託的事。

因為這個緣故，她無法休息，身心靈達到極限後，因為陷入憂鬱而來醫院。

她須要做的，當然就是說ＮＯ。

「可是，要是拒絕別人會被討厭，而且會被想成很無能。所以我無法說ＮＯ……」

一定有很多人跟她有同樣的想法。

但這是誤解。

就算說了NO也不會被討厭，而且也不會被人認為很無能。

話說回來，只要試著想一下委託方的立場就能明白，大多時候，那些人的心情都是類似：「要是能接受我的要求會很感謝，但要是不行也無可奈何。」

所以，即便被拒絕，也只會覺得：「這樣啊，真遺憾。」不會有「喜歡」或「討厭」的想法。

不過，若這是工作上的情況，似乎就會有上司或同事會生氣的說：「明明就有繳交期限，說什麼拒絕！」

可是勉強接受，之後又惹出麻煩，那樣才是大問題。既然這樣，不如一開始就拒絕，轉而向某人求助，可以說才是比較「有能力」的。

因此，做不到的時候說NO會比較好。

那麼該怎麼做才能把NO說出口呢？

建議可以在事前進行模擬。

這麼一來就易於斷然拒絕。

為此，我們可以活用「『若則』計畫法」（if then planning）。

若則計畫法是由哥倫比亞商學院的社會心理學家海蒂・格蘭特（Heidi Grant）教授所提出，是能有效達成目的的方法。

if then 的意思是「若是這樣……」。

事前決定好「如果發成展A這樣的事態，就做B」，就是if then planning。

例如像是「如果早上起床是晴天，就去慢跑」，或是「若六點下班，就一定要去健身房」等。

根據格蘭特教授的研究指出，單只是使用if then planning，在事前決定好該做的事，成功率就會提高到二至三倍。

因此，無法說NO的人可以使用「if then planning」，在事前先決定好「這種時候要拒絕」吧。

成功的重點在於連「要說什麼來拒絕」都具體決定好。

「若在很忙的時候有人來拜託我工作，就說『現在若是接受下來，恐怕會有失誤』

來拒絕。」

「若是被邀約去不感興趣的遊樂，就說『這個月的預算很緊』來拒絕。」

透過在腦中多次進行模擬，事到臨頭時，就能乾脆拒絕。

這時候只要多加上一句「很謝謝你來拜託（邀約）我」，被拒絕的人就不會覺得不高興，拒絕的一方也能減輕尷尬。

A

事前決定好要說些什麼來拒絕。

Q17

對別人察言觀色來行動時……

容易被他人評價牽著鼻子走的人，會過於在意周遭人的想法，容易做出他人期望的言行舉止。

尤其是看到神經過敏、煩躁的人時，首先就會出現「或許會被罵」「或許會被討厭」這樣的恐懼心，有率先做出自己所不期望舉動的傾向。

為了不變成這樣，我們必須關注自己的心情而非他人的心情。

若察覺到自己面對眼前的人動搖了態度，就請將注意力拉回到自己身上，要讓自己放輕鬆，而不是去注意對方的神經過敏、煩躁。

例如可以試著幫自己泡杯香氣四溢的茶，或是吃喜歡的零食。看喜歡的藝人影片也很好。

這麼做就可以保持自己的好心情，並透過「情緒一致性效應」，變得不去在意對方的壞心情。所謂的情緒一致性效應，就是去關注與當時心情類似事態的心理現象。這種現象就是開心時容易看到正面積極的事，悲傷時則總是會注意到負面消極的事。

因此，只要保持好自己的好心情，就不會去在意他人的壞心情，能直率展現出自己的心情。

順帶一提，展現自己心情時，也可以試著對對方心懷「期待」。

因為若受人期待，人就會想表現出那樣的結果，有著被稱為「比馬龍效應（羅森塔爾效應）」的心理傾向。

你是否也曾在被人說「好親切喔」後，結果就真的變得親切了呢？一旦被人期待，就會想要回應，人就是有著這樣的傾向。

所以若是看到神經過敏・煩躁的人，就想著：「這個人本來是很溫柔的」「平常是很開朗體貼的人」，試著對對方抱持正面積極的期待吧。

若你心情很好，這件事做起來就很簡單。

隨著你的一個心情、一個期待，對方的反應也會改變。

比起取悅別人，取悅自己才比較能開心起來。

A

別去取悅他人，來取悅自己吧。

Q18 覺得「或許傷害了那個人？」而感到不安時……

若你曾被人不經意的一句話傷害過，自己所說出的一句話應該也曾傷害過某人吧。

這時候就試著藉助「祈禱」的力量吧。

試著向你或許傷害的某人的守護靈祈禱。

如果不喜歡守護靈，也可以換成是宇宙或太陽。

向守護對方的超自然存在祈禱：「或許因為自己說的話而傷到了那個人。真的很對不起，請療癒那個人吧。」

透過重複祈禱著對方的幸福，讓罪惡感一點一滴消失。

雖然這是我個人的想法，但在看不見之處，人與人之間一定是相互連結著的。

因此我會對煩惱著「傷害了他人」的諮商者說：「請在對方顯意識睡著了的夜晚不斷祈禱。這麼一來，一定能傳達給他的潛意識的。」

某人實際持續這麼做了幾週後，此前即便與之聯絡也沒回應的對方，似乎竟久違地來了聯絡。這是來自偉大力量的協助嗎……我們雖不知道真相，但試著去做做看也不會有什麼損失。所以請務必試試看。

A

向你傷害對象的守護靈祈求該人的幸福吧。

Q19

去到陌生環境而感到不安時……

到新場所時，任誰都會緊張吧。

再加上「想被初次見面的人喜歡」這樣的心情，不禁就說出了讓自己看起來有些了不起的話，結果反而無法暢所欲言，心情變糟。

「沒錯，總覺得很尷尬。」如果你會這麼想，那麼希望你務必要做「穩定身心（Grounding）」的練習。

穩定身心是冥想法的一種，以腳踏實地的生存為目標。同時，也以能與宇宙、自己、地球的能量相連結為目標。透過這個做法，就能感覺到有一根貫穿自己的軸心通過。

軸心通過時，自己就不會動搖了。這麼一來你就不會隨著周圍的反應搖擺，而是能坦率地做出回答。也就是說，能放輕鬆地以自己的本心來與人溝通。

【穩定身心的做法】

①閉上眼睛，緩慢深呼吸三次。

②想像在肚臍下方四指的丹田處有能量球。

③想像那顆球緩緩下降，與位處地球中心的岩漿能量連結在一起。

④想像能量球緩慢上升並通過丹田、穿過頭上，與宇宙的能量相連結。

⑤想像球下降，收回丹田。

⑥深呼吸三次，閉上眼睛。

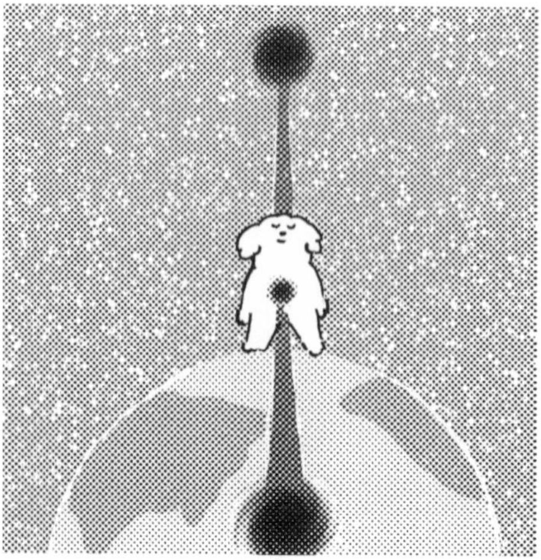

透過每天早上持續進行穩定身心的練習，頑固的態度或戰戰兢兢的心態就會消失，容易結交到氣性相投的朋友。此外也能因不再受到周圍人們的影響，在學習時提高專注力，發表企畫時也能擺出坦蕩的態度。

自己的心中有「軸心」，就不會勉強自己去做事。以真實的你來為人處事，是打造舒服、良好人際關係，也能發揮實力的捷徑。

A

練習穩定身心，打造不動搖的軸心。

Q20

站在人前就緊張不安時……

例如在陌生場所自我介紹時，應該不少人都會覺得：「因為很緊張所以做不好」。

這時候，可以在事前想像「閃閃發光的自己」。

從內在溢出了耀眼的光輝。那道光輝讓人屏息、讓其他人的目光離不開你。然後從你身體內又發出了耀眼的光芒……。

只要這樣想像，自然就會放輕鬆。

只要實際做一次就會知道，光芒會照射進沉悶的心中，負面消極的念頭消失了，感覺身心好像都被淨化了。

回過神來就發現，自己湧出了自信，就算站在人前也不覺得害怕了。

A 想像閃閃發光的自己吧。

但是，為什麼會發生這樣的事情呢？

其實我們的大腦無法分辨「現實（real）」與「想像(image)」。

證據就是，只要想像著梅乾，就算實際上並沒有吃到，也會分泌出大量的口水來。

這是因為，單靠想像，大腦就覺得在現實中有吃到梅乾而受到了相同的刺激，命令身體「分泌出唾液」。

也就是說，對大腦來說，想像與現實都是一樣的。

所以想像練習是很有效的。

第 三 章

從「恐慌狀態」瞬間穩定下來！

被逼得走投無路，全身動彈不得。

不知道該怎麼辦……。

能在這種時候瞬間找回心神的各種技巧。

Q21 突然被罵、不安，快要哭出來的時候……

因為預料之外的事而突然遭受責罵時，任誰都會因為不安而陷入恐慌。被激烈的言詞所責備：「搞什麼啊！」「為什麼要那樣做啊！」頭腦一片空白。身體發抖，不由自主要哭出來時……。

這時候，試著別讓生氣的對方注意到，偷看一下鏡子吧。這麼一來就馬上能用第三者的觀點來看自己，像是：

「啊～現在的臉是全紅的呢。」

「糟糕，眼睛淚汪汪的。好像透漏出快哭了的感覺。」

這樣做後就能瞬間找回冷靜的自己了。

而且人看到映在鏡中的自己時，會想從中看到理想中的自己，無意識中會想要展現出最迷人的臉龐。表情自然地會變漂亮，心情也會連帶地變美麗。

據說在投訴很多的呼叫中心，為了讓操作員能看到自己的表情，都會設置有鏡子。認為「自己容易陷入恐慌」的人，可以把鏡子放在抽屜裡，以隨時都能看到自己的表情。

A

照鏡子察看自己的臉。

Q22

被人嘮叨不停，感到有壓力、痛苦時……

被責罵已經很討厭了，若還被嘮叨個不停，心情會更加痛苦吧。

「要是再多聽到些牢騷，內心就要被擊沉了……」

這時候請試著在腦中幫囉唆的人配上米奇的聲音。

在大腦內變換成那個獨特的「奇怪聲音」。

負責第一代米奇配音的是畫出米奇的華特迪士尼本人。他用獨特的假音演出，而現在的米奇也持續使用相同的說話方式。

如果嘮叨個不停的煩人對象改用那樣的聲音來說話……。

配上米奇的聲音吧。

聽起來就只是很奇怪而已，一點也不為苦了。

話雖這麼說，若是竊笑，反而會更惹怒對方，所以請注意這點喔！

Q23 因不安而心悸不已時①……

即便如此，若仍因為被罵、被威脅而感到不安地心悸不已時，大家可以先了解一下能鎮定心跳的穴道──「神門穴」的位置。

神門是位在耳朵上部的穴道，與自律神經相連結。

自律神經會反應刺激，與自我意識無關，是能控制身體機能的神經。

若持續著緊張與壓力狀態，自律神經就會失常，情緒容易起伏不定。

可是，只要刺激神門穴，就可以讓紊亂的自律神經回復正常狀態，讓起伏的心情冷靜下來。

A

刺激耳朵的「神門」穴道。

止不住心悸時，用拇指與食指抓住神門穴的周圍，往斜上拉後放手。重複這個動作三次。拉的時候，請想著自己的心情變好了，並用力往斜上方拉。

只要在平常就做這樣的緩和練習，就不容易出現恐慌。

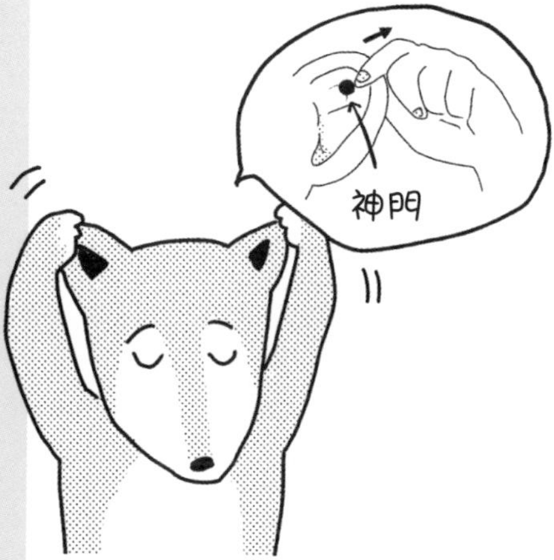

Q24 因不安而心悸不已時②……

比刺激耳朵穴道更具速效性的方法是去廁所洗臉。洗臉可使心跳自然就會變沉穩。

其實這是因為哺乳類所具備的「潛水反射」。

潛水反射指的是在停止呼吸時，心跳數就會下降的反應。

哺乳類動物無法在水中呼吸，潛水時會反射性地閉上嘴巴，停止呼吸。

一旦停止呼吸，氧氣的供給也會停下來，所以搬運氧氣給全身的血流流速就會減緩。這是因為運送血流的唧筒是心臟，而心臟的動作變緩慢了。也就是說，因為心臟的跳動減速了。

這個潛水反射即便是在潑水於臉上時也會出現。只要朝臉上潑水，就會在無意識下覺得「必須要停止呼吸」，所以脈搏自然地會慢下來，心跳也會穩定下來。

A

用水洗臉。

在多次嘩啦嘩啦地潑水時，興奮會鎮定下來，隨著「呼～」地吐氣，全身的僵硬就會消失。只要不無謂地用力，就容易浮現出有建設性的思考，像是：「對了，先去找那個人商量吧！」

Q25

因不安而心悸不已時③……

還有一個方法可以鎮定心跳，那就是控制呼吸。
推薦可以使用「四點呼吸法」。
以如下的順序來緩慢深呼吸。

①尋找四方形的東西，並盯著左上的一角，吸氣四秒。
②視線移到右上角，停止呼吸四秒。
③視線移到右下角，吐氣四秒。
④視線移到左下角，在心中唸著「放鬆、放鬆、放鬆」。
⑤重複多次①～④步驟。

A 試著進行四點呼吸法。

這也被稱為「盒式呼吸」法，是美國海軍特戰隊海豹部隊的訓練項目之一。在極限狀態下，遭受到精神壓力與外在壓力時，據說進行這個呼吸法，就可以保持冷靜。

某位諮商者嘗試了四點呼吸法後說：「學會這方法後，感覺更容易冷靜下來。」因為有這層安心感，陷入恐慌的次數似乎大為減少。

只要在平常就多加練習，碰上緊急狀況時，也能放下心來。

Q26 進行發表與面試前，有強烈緊張感襲來時①……

除了被罵的時候，想緩和進行發表或是面試前心悸的情況時，推薦一個簡單就能做到的方法。

那就是「用一定的節奏拍打胸口」。

拍打時，用手掌或指尖以比心臟跳動還要緩慢的節奏進行拍打。

因為「拽引現象」，心臟會隨著拍打的節奏，漸漸慢下跳動的速度。拽引現象指的是在感受到多個節奏的情況下，會受到更為安定的節奏所吸引而趨於同步。我們的身體中就有著這樣的生理現象。

A

以兩秒一次的節奏來拍打胸口。

利用這個現象，從外部將緩慢的節奏傳遞給心臟，心跳自然會沉穩下來。

拍打的節奏約兩秒一次是最恰當的。

這招在人前也能若無其事地做到，所以學會了很有用。

Q27 進行發表或面試前，有強烈緊張感襲來時②……

在等待發表的期間，緊張感變得愈來愈強烈。

這時候可以試著「將自己的狀態說出口」來緩和緊張。

俯瞰著自己的狀態，如主播那樣進行實況轉播：「心臟急速跳動，手心出了汗。喉嚨乾渴，喝了好幾口水。」

這麼一來，心悸就能平緩下來。

因為俯瞰自己的時候，意識會自動地跑出自己之外。

要說是怎麼回事，這就像是自己住的大樓發生火災時，因為很危險，所以理所當然會陷入了恐慌。

可是，跑出大樓，遠離一段距離觀看，就能冷靜地把這看成是其他人的事：「哇~

燒起來了呢。真是不得了啊。」

也就是說，只要用俯瞰的視角，在某種程度上，就能把內心的緊張與不安看成是「其他人的事」。而且，在內部雖看不到，但只要試著站在外部俯瞰，就容易看到「啊！那裡有逃生出口」。

若陷入到恐慌狀態的窘境時，請務必一試這個方法。

A

實況轉播自己的內心狀態。

Q28
不想因為「腦袋轉個不停」而悶悶不樂時……

「為什麼那時候要說那樣的話呢？要是用另一種方式來說就好了……。為什麼自己那麼不機靈呢……。話說回來，之前也不小心得罪了對方……」

你應該有像這樣，對自己說過的話或做過的事感到後悔而陷入輕微恐慌的時候吧。

而且因為一個失敗，負面消極的思考就一個接一個的湧現，在腦中團團轉個不停，停不下來……。

心理學中稱這樣「轉個不停的思考」為「反芻思考」。

反芻指的是牛或羊等草食性動物，會將吃下去的食物再度從胃吐回到口中，再次咀嚼後才吞下。

若放任著反芻思考不管，就會像是陷入無底沼澤般，無法擺脫負面消極的心理狀態。因此經常會很悲觀，甚至有可能變得憂鬱。

反芻情況一旦開始了就難以停止，但意外地卻可以用一個簡單的方法停下來。

若是察覺到自己正在進行反芻思考，就拍手發出很大一聲「啪！」並大叫：「停下！」只要這樣做就ＯＫ了。

藉由瞬間發出很大的聲音，反芻思考就會中斷，不斷重複出現的不安就會停止。

我也是會在東想西想想太多時使用這個技巧，這完全就像是在神龕前拍手時那樣，周邊的空氣瞬間就變清明了。同時，心情自然地就提振了起來。

不要錯過這樣的時機，將清醒的意識朝向眼前該做的事上，拍拍手開始進行作業吧。只要活動手腳，加在大腦上的負擔就會移動到手腳上，所以大腦會漸漸地變清醒，煩悶的心情也會變開朗起來。

順帶一提，「期望自己不去思考」會出現反效果。愈是做些什麼事期望自己別去思考，念頭反而愈會盤據在腦中。因此，不是要「期望自己不去思考」，正確的解決辦法是「去做別的事情，轉移注意力」。

A 拍手發出「啪！」的一聲並大叫「停下！」

Q29 「思緒轉個不停」停不下來，束手無策時……

有不少人念頭一旦開始轉個不停，大腦就會充滿了不安，什麼事都做不成。**這時候有一個魔法練習叫「就先算了」，可以讓人從轉個不停的思緒上轉移注意力，改專注在該做的事情上。**

例如，在意著剛才的失誤，思緒開始轉個不停，無法專注在眼前的工作上。

這時候可以在心中補充說到：「大家都很生氣呢……上週才剛犯錯的……。說起來，隔壁部門那個人的視線也很冷淡。也許我是被討厭了？啊啊～真討厭啊～！……可是……就先算了……，現在來做這件工作吧。」

在中途，將注意力從不安的「情緒」轉換到現在正在做工作的這個「目標」上。

「就先算了」這句話，能暫時擱置不安。

人一次只能思考一件事，專注在工作這個「目標」上時，至少不會把注意力都投注在不安上。這麼做時，心情就會平靜、沉著下來，所以也會開展冷靜的觀點。

A

利用「就先算了」這句話，比起情緒，更要聚焦在目標上。

Q30 無法決定該選哪個好，動彈不得時……

一旦陷入不安或恐慌，就會對自己的選擇失去信心，無法判斷該選哪個好。這會讓人猶豫著「應該要來做這個嗎？還是應該要先做那件事……」

這時候請試著條列出「優點」與「缺點」。

這麼一來，你就會知道該選哪個，而且過程簡單到令人驚訝。

因為過於單純，大家可能意外地都不會去做這件事，但試著去做了之後，很有趣地，就能順利做出選擇了。

例如迷惘著是要換工作還是繼續留在現在的公司時。

想邀約一位朋友，但很迷惘不知道該去問A還是B時，只要將各自的優缺點「可視化」，就能知道選哪個可以達到期望的結果，能瞬間縮短煩惱時間。

A

條列出優點與缺點。

Q31 不知道怎麼做才正確而不安時……

沒時間時卻突然被迫要做出決定，因焦急而腦中一片空白。

這時候有個方法能讓你在決定自己應該要走哪條路、要採取怎樣的態度時不會感到迷惘。

那就是試著思考：「如果是我尊敬的人，在這種時候會怎麼做呢？」

這麼一來，自然地就會鮮明浮現出具體的方針，像是「如果是那個人，在這時候一定毫不猶豫地選A方案吧」，或是「他不會當場做決定，而是會稍微休息一下吧」。

而且那是你視作理想人物所做出的回答，所以你也會視為理想答案。

若是我在無法決定要採取什麼樣的態度時，就會想起德國的正向心理學老師。老師在工作上很嚴謹，但平時則是滿懷愛意、很溫柔的人。

只要借用那樣的觀點，就能做出鼓勵：「別擔心，總會有辦法的。不過今後最好是能這樣做喔。」並給出具體的建議，所以很激勵人心。

若沒有尊敬的人，也可以借用喜歡的知名人士或天使什麼的觀點。

只要用與自己不同的觀點來掌握狀況，思考的方式就會瞬間拓展幅度，意外地就能簡單找出解決的方法，或是覺得問題不再是問題了。

A

試著借用尊敬的人的觀點。

Q32 不知道之後該怎麼行動而感到不安時……

前進的道路與進退、要不要與某個人來往，必須要做出會左右人生的選擇時，想得太多會讓人不安，不知道該選擇哪條道路才好……。

這時候，如先前說過的，有個方法是可以借用理想中人物的觀點，但除此之外，還有個方法能讓你輕鬆做出前往期望未來的選擇。

那就是「試著去詢問十年後幸福的自己」。

我經常會在諮商時使用這個方法，許多體驗過的人都感受到：「明確知道了自己應該前進的方向，不再感到迷惘了！」並帶著笑容回去。

請試著在無人的安靜場所中，以如下順序進行這個練習。

①想像十年後理想的自己。充滿活力、開心過日子的十年後自己，是什麼樣的感覺呢？住在什麼樣的房子中呢？家人呢？擁有怎樣的伴侶？工作的情況如何？有怎樣的伙伴？興趣是什麼？隨心所欲地盡情想像。

②請進入到在理想環境中生活、幸福的未來自己的心中，並試著感受各種事物。家庭與職場給人的感覺如何？空間多大？明亮度如何？家人、伴侶以及伙伴們都穿著什麼樣的服裝？在做著什麼事並歡笑著？他們在和你說些什麼話？和他們一起吃著些什麼食物？味道如何？香氣如何？溫度如何？你去到了什麼地方？享受著做些什麼事？請充分使用五感（視覺、聽覺、嗅覺、味覺、觸覺）去做出想像。

③十年後幸福過日子的自己對現在因不安而迷惘的自己給出建議吧。感覺就像是：「雖然看起來似乎很難過……但只要這樣做就沒問題。只要克服現在的難關，就能來到我這裡快樂的未來喔！」

如何呢？你的心情是否變得非常開心起來了呢？

A

試著去詢問十年後幸福的自己。

這個方法的好處是，能從自己認為是理想的觀點出發來俯瞰現狀。可以靠自己找出前往未來的通路。

別擔心，你確實知道你自己的幸福的。

即便因不安而多有迷惘，在自己的心中也都確實有著答案。

Column

3

分辨出「能改變的事物」與「無法改變的事物」吧

有許多深陷不安而無法動彈的人都有一種傾向是，搞混了「能改變的事物」與「無法改變的事物」，並一直為無法改變的事物而煩惱。

例如過去曾發生過的事。

天生的才能、生長的環境。

他人的評價。

疾病、受傷或是自然災害。

這些事物都是自己無法控制的。

針對無法控制的事物，不論東想西想著：

「為什麼事情會變成這樣呢？」

「那時候如果那樣做就好了……」

「如果能活得和現在不一樣就好了……」

這些也都不會改變，所以就只會痛苦吧。

陷入這樣的狀況中時，可以去了解美國神學家雷茵霍爾德・尼布爾（Reinhold Niebuhr）在教會中所唸誦的祈禱詞。

「神啊！

請賜我寧靜，去接受我無法改變的事；

請賜我勇氣，去改變我能改變的事；

請賜我智慧，以分辨二者的不同。」※

那麼，你如今所懷抱的不安是「能改變的事物」嗎？還是「無法改變的事物」呢？

隨時能分辨出這兩者，是能讓你不會輕易就被捲入不安中的重點。

無法改變的事物就是無法改變。

可是能改變的事物就是能改變。

能靠自己的力量改變。只要認清了這點，就使用第三章中我告訴大家的技巧，輕鬆地踏出第一步吧。

只要踏出一步，看到的景色就會不一樣。

陰沉不安的景色不久終會逝去，就能看見此前沒看到的、令人興奮不已的嶄新景色。

※出處：譯文引自《寧靜之道：在寧靜禱文中找到平安喜樂》，林以舜譯（方智出版）。

第 四 章

「隱隱的不安」消失得一乾二淨！

過去、未來、老後……。
思考著難有答案的事物，
總之就是一直很煩躁著。
本章將要介紹能輕鬆消除
這類隱隱不安的方法。

Q33

因為隱隱的不安而鬱鬱不快時①……

有個說法是：「人是活在不安中的。」

為了生存下去，盡早發現不安會比較有利。所以，我們非常擅長找出不安。

也因為這個緣故，只要一有察覺，就會在過去討厭的經驗或是尚未發生的未來中找出不安，想著：「要是變成那樣該怎麼辦……要是變成這樣……」心情煩躁不已。

這時的意識是處在「過去」或是「未來」間徘徊的狀態。

所以，試著把意識放在「當下」，別去想著不安的「過去」或「未來」吧。

為此，就要使用「五感（視覺、聽覺、嗅覺、味覺、觸覺）」強烈地去感知現在所感受到的事。

例如你現在正在散步，情況就會像是：

「哇～新綠好漂亮（視覺）。到處都是花香呢～（嗅覺）」

「啊！可以聽到可愛小鳥的鳴叫聲呢～（聽覺）」等等。

若是在用餐，就會像是：

「這個碗的觸感好光滑，摸起來真舒服～（觸覺）」

「這個米飯，在咀嚼中漸漸變甜了起來（味覺）」

「被咖啡香（嗅覺）……給療癒了～」等等。

別想其它事，只要專注在「現在正在做的行為」就好。

這麼一來，意識就會只專注在「當下」的狀態，不會朝向過去以及未來。

因此就不會出現對現今來說不必要的擔心。

擺脫對過去或未來的不安，就能使心靈平靜下來。

只要養成習慣，使用五感以保持專注在「當下」，煩悶的不安就會減少，生起充滿活力的感覺。

A

使用五感，將意識專注在「當下」。

Q34 因為隱隱的不安而鬱鬱不快時②……

莫名煩躁不安，心情不暢快時，就試著將會在意的事項寫在紙上吧。

可以條列式書寫，也可以只寫單詞。盡可能在安靜的地方一一寫出就是會莫名掛心的事物。

「沒錢」「加不了薪」「好羨慕○○○先生」「煩躁不安」等等……。

只要將這些化為文字，就會知道連自己都沒察覺到的鬱鬱不快的真相：「啊～原來是積累著這些情緒啊。」因為理解了，心情就會平靜下來。而且因為吐出積累情緒的爽快感，人也會變暢快起來。

將不安「視覺化」，就容易浮現出應對方法，這點也很令人開心。

若知道了「因為老後的資金而感到不安，對未來心懷恐懼」，就能想到要「來存錢吧！」若知道了「只因為那個人說的一句話，心靈就受傷了」，或許就能想著：「下次再見面時，試著告訴那個人自己的心情吧。」

若得知了面對不安時該採取哪些行動，很神奇地，心情就會平靜下來。

順帶一提，不要重新修正紙上的內容，把它撕掉就ＯＫ了！這樣做會非常痛快喔！

A

在紙上寫下令自己鬱鬱不快的事情。

Q35 因為隱隱的不安而鬱鬱不快時③……

話雖這麼說，但因為想不到原因，只能因為不安而內心痛苦時，請閉上眼睛，一邊緩慢呼吸，一邊想像著圓圓的滿月。

想像毫無缺角，沉穩又柔和的滿月。

想像那個月亮一下子就進入你的胸中。

月亮在你的胸中散發出柔和又沉穩的光輝。

這麼一來，內心就會平靜，莫名感到充盈。

其實這是密教中所流傳的「月輪觀」，是一種冥想法。

滿月就象徵著自己內在的「菩提心」。

A

在心中想起「滿月」。

菩提心是追求真理之心，也是為了一切萬物的幸福讓自己的心去接近佛陀的心情。
也就是說，這個冥想法是藉由聯想滿月，將如佛陀般沉穩的心迎來自己的胸中。
透過滿月來借助佛陀的力量，穩住不安的心吧。

Q36 因為隱隱的不安而鬱鬱不快時④……

在感到隱隱不安時，也可以透過刺激「合谷」穴道改善，也就是「合谷拍打法」。

這是由東京未來大學副教授，也是臨床心理學家藤本昌樹老師開發的方法。

藤本老師在注意到，PTSD（創傷後壓力症候群）的患者在感受到不安以及壓力時，大腦的「前扣帶皮層」血流會變糟。

反過來說，要減輕不安以及壓力，是否只要改善前扣帶皮層的血流就好了呢？

藤本老師這麼一想後，便構思出了「合谷拍打法」，也就是刺激大腦血流的穴道

「合谷」。

讓為恐慌症所苦的人嘗試這個方法後，約有六成的人回答：「不安以及恐懼緩和了」「心情平靜了下來」「煩躁消失了」。

合谷拍打法的做法非常簡單。

感到不安以及壓力時，只要用覺得舒適的力道，有節奏地輕拍手背上大拇指與食指骨頭交錯處的「合谷」即可。

拍擊時是用手的食指・中指指腹來輕輕拍擊。

建議時間為一分鐘以上。

雖說只要用單手來進行就能有效果，但兩手都做的效果會更好。

我在感受到不安，像是要在許多人面前演講時就會進行這個合谷拍打法。

結果，心情就真的平靜了下來，回過神來才發現，我已經幾乎感覺不到不安了。

這方法在當下就能簡單進行，請務必要記住喔。

A

用指腹輕拍「合谷」。

Q37

因為隱隱的不安而鬱鬱不快時⑤……

有某位年長的女性諮商者因為「雖沒什麼特別的原因，但就是會感到不安……」而來到診所。我聽了她的敘述後，發現其中似乎沒有對金錢的不安、對健康的不安，以及對生活上的不滿或煩惱。

但是，她卻說自己因為隱隱的不安而心中苦悶，提不起力氣去做任何事。

面對這樣的情況，我試著提出了以下三個方法：

①運動
②聽音樂
③從事熱衷的活動

各種研究表明，透過這三種方法，能有效提振心情。

首先是關於①的運動。

根據美國杜克大學（Duke University）醫學系的布魯蒙索（J. A. Blumenthal）教授的調查表明，在進行治療憂鬱症時，將之分成了三組——（一）「只吃藥的組別」（二）「只進行有氧運動（一週三次，一次三十分鐘）的組別」，以及（三）「吃藥＋進行有氧運動（一週三次，一次三十分鐘）的組別」——來進行追蹤調查，結果發現，（二）「只進行有氧運動的組別」憂鬱症的復發率最少。

其實我在問來到我診所的憂鬱諮商者：「最近有運動嗎？」時，大多數人的回答都是：「這麼說起來，並沒有。以前是會運動……」這些人只要再度運動，就會立刻改善症狀。

現已知，②聽音樂，腦內的快樂荷爾蒙「多巴胺」以及「β－內啡肽」就會增加。聽到喜歡的音樂時，多巴胺會帶來如冒出雞皮疙瘩般的興奮。

聽到大自然的聲音或是莫札特等沉穩音樂時，β－內啡肽會帶來讓人舒暢的陶醉感。β－內啡肽的效果據說是嗎啡（止痛藥）的六・五倍。

馬可尼聯盟（Marconi Union）的〈Welghtless〉據說最能讓人分泌出β－內啡肽。

莫名鬱鬱不快、心情沉悶時，建議可以試著一邊聽這首曲子或是喜歡的音樂，一邊散步。

③從事熱衷的活動，就是做自己喜歡的事。

透過進行最喜歡的活動，變成忘了時間、埋頭其中的「心流狀態」，就能擺脫鬱悶不安。

不過，鬱悶時也容易搞不清楚自己到底喜歡哪些東西。

因此，在平時就可以找出能讓自己忘了時間、埋頭其中的事物。

某位男性諮商者在鬱悶的時候經常會去洗盤子。

他說：「只要一邊感受著水流，一邊專心致志地洗去盤子髒汙，頭腦瞬間就會放空。洗完後，大腦就變清晰，鬱鬱不快的心情也變輕盈了。」

「莫名無法提振心情」時，請務必試著去做①～③吧。

A

試著去「做運動」「聽音樂」「從事熱衷的活動」！

Q38

似乎要被強烈不安給擊潰而痛苦不已時……

前幾天，有位男性諮商者來到診所，表示自己有強迫症的煩惱。

「總之就是會不安，擔心自己是不是會做出什麼奇怪的舉動。出門時，因為擔心瓦斯爐上的火是不是沒關而返家好幾次，工作時因為擔心會按錯不可以按的按鍵而導致訂購錯誤，所以總是難以下訂單。」

因此就會不斷重複地確認再確認，變得無休無止。

在此，我要介紹一個最厲害的減輕不安法——「轉動練習」。

此前我曾告訴過許多人這個方法，例如為過去記憶所苦的人、煩惱於恐慌症的人、因為不明原因的鬱鬱不快而痛苦的人等，而許多人也都笑逐顏開的說：「做了這個練習後，因不安而造成的內心痛苦都消失一空了！」

「轉動練習」的重點在於不要用頭腦思考，而是去感受。

不要使用職司理論的左腦，要使用負責掌管想像與感覺的右腦，只要去感受就好。

藉助想像的力量，就能一口氣將自己心中沉重的痛苦變得輕鬆又愉悅。

【轉動練習的做法】

① 將意識關注在自己的內心，感受身體痛苦不舒服的地方。

② 這股不舒服是心中混亂不安的能量。宇宙間有各式的能量在轉動著。例如地球會公轉．自轉那樣，又或是拔掉浴缸水塞時所形成的漩渦般，所有能量都是在轉動著的，所以你心中的不舒服也同樣在轉動著。那麼，你心中的不舒服是朝向哪個方向轉動的呢？往右轉？往左轉？還是往前轉？往後轉？就算只是隱約的感覺也無所謂。試著去感受看看吧。

③ 轉動著的不舒服是什麼顏色的呢？請用感覺回答。

④ 轉動著的不舒服是什麼模樣、重量的呢？

⑤ 想像一下那股不舒服停止轉動的模樣。

⑥ 若不舒服的感覺停了下來，接著就用和之前相反的方向轉動。若能將之逆向轉動，就讓它用對自己來說感覺舒服的速度去轉動。

⑦ 接著試著將不舒服的顏色換上自己喜歡的顏色吧。這時候也可以加上潺潺流水聲或風鈴聲等自己喜歡的聲音，或是加上喜歡的香味。

我讓先前那名男性諮商者體驗過這個練習後，他忍著淚水說：「本來是沉重灰色塊狀的不舒服，在我把它逆向轉動後，就變輕且閃耀光亮了！結果，就像拉開窗簾般，整個視野都瞬間敞亮起來……。真是鬆了一口氣，眼淚都要掉下來了……」

痛苦不堪的不安可以靠自己任意變化，是能控制的。

只要知道這點，心情就立刻變輕鬆了起來呢。

我的情況是，在共度十六年時光的愛犬逝世隔天，就靠這個練習克服了悲傷。只要一想起就止不住眼淚，要是一直這樣下去將無法工作……。因此，我將意識放在心中痛苦的感受上，轉動悲傷的不舒服，然後附加上溫暖的顏色，以表示我最喜歡愛犬的心

情。結果，我的眼淚自然就停下，能順利正常工作了。

也有人靠這個練習治癒了二十年來的恐慌症。

這真的是最強的練習，請務必一試。

利用最強的「轉動練習」來將不安變得既輕盈又乾淨俐落。

Q39

很在意珍視的人，因為不安而做什麼事都心不在焉時……

不少母親「隨時都在擔心著孩子，無法專心在家事或工作上」。孩子會不會遭遇事故？身體有沒有不舒服？在學校有沒有被欺負？她們說，只要這麼一想，內心就會煩悶痛苦，做什麼事都心不在焉。

我想告訴這些母親們的是：「請試著想像有個黃色的光環在守護著孩子們。」只要想像孩子是被精力充沛的黃色光環所守護著，心情就會平靜下來，大部分的母親都會安心地想著：「嗯！我的孩子或許是沒問題的。」

其實母親能像這樣平靜下來，對孩子來說是非常重要的。

因為母親若是沒來由的一直擔心孩子，孩子就會從母親那樣的態度中接收到「我是會讓妳擔心的孩子」這樣的訊息。

母親因為不安地想著：「或許這孩子會被欺負。」那分不安就會傳遞給孩子，讓孩子認為：「自己是會被欺負的人。」

為了不要帶給孩子不必要的不安，母親首要放下心來。

A
用「黃色的光環」來守護珍視的人。

Q40

只要一搭大眾運輸工具，身體就會感到不適，因而感到不安時……

「無法搭乘大眾運輸工具，去不了想去的地方。」

這樣的諮商內容也很多。這也是所謂恐慌症的一種。

某位男性諮商者在搭乘公車時突然感覺不適，自他開始不安地擔心著「在抵達下一站前要是吐了該怎麼辦？」以後，只要一搭公車就會被相同的不安所襲擊。只要搭乘公車或是想搭公車時，他的心臟就會怦怦直跳，難以呼吸。因此，他變得無法搭乘公車，非常困擾。

像這樣而導致恐慌的許多人都有著某個信念。

那就是「不可以給人添麻煩」。

所有日本人多少都會有這個信念，但若這樣的信念過於強烈，就會害怕因身體不適而給人添麻煩。

這樣的恐懼會加大不安，因恐慌而導致身體不適。

我一般會問這些人說：「如果立場顛倒，你會怎麼做呢？如果你眼前出現了身體不適的人，你會怎麼做？」

結果很多人立刻回答：「如果反過來，我會立刻去照護對方。完全不覺得有困擾。」

「對吧？既然這樣，為什麼你會認為自己身體不適時會給人添麻煩呢？」我這麼一問，許多人就都平靜下來地說：「說的也是呢。身體不適時，也可以依賴一下別人。」

就像這樣，藉由將觀點從「受幫助的一方」轉為「幫助方」，經常就能減輕搭乘大眾運輸工具時的不安了。

「人」這個字據說就是兩個人相互支持的形狀。人自然地就會相互扶持。幫助某人時，心情大多都會變好。

因此，身體不適時，也可以受人照顧的。
請各位千萬要記住這點喔。

A 試著思考一下：「如果是其他人身體不適時你會怎麼做？」

Q41 身體有疼痛，外出就會感到不安時……

有時會在出門前就覺得「今天肚子好像有點隱隱作痛」，或是「希望不要頭痛」。這時候只要休息就好，但有時也會碰上「唯有今天無法休息」的情況。

這時候，若是想著：「為什麼偏偏在這麼重要的日子裡……真討厭。」疼痛的情況大多都會持續很長一段時間。

然而只要把手放在疼痛的部位，然後在心中說著：「稍微有點痛呢。可是今天是非得出門辦事的重要日子，所以只有今天一天要承蒙關照了。」很神奇的是，有時疼痛就會減輕了。

因為有時身體會出現疼痛是有訊息想要傳達給你。

因此，只要在心中說著：「現在很痛吧。你一直都很努力呢。真的非常感謝。你想傳達什麼訊息給我呢？」你就能察覺到，疼痛處似乎會給你些回應，像是「最近，有些努力過頭了，想休息」，或是「太過於在意那個人了唷」等等。

這些是來自身體的聲音，若不傾注注意力很難聽到，但只要側耳傾聽就能發現。

只要把意識投注到努力著的自己身體上，身體就會理解，不會出現疼痛。

某位女性諮商者在與不擅應對的工作相關人士會面前都會頭痛，但自從用了這個方法，聽取了身體的聲音後，頭就不太會痛了。

那位女性說：「單只是想著『那個人太討厭了，所以頭很痛吧。我懂！』疼痛就漸漸緩和了下來。這個方法真棒啊！」

不過，在努力了一天後，一定要好好聽身體的話，要休息、盡可能減少與不想來往對象間的接觸，以減輕壓力。

當然，若疼痛持續，也有可能是因為疾病，請一定要去看醫師喔。

A

試著詢問疼痛的部位：「你有什麼想說的話嗎？」

Q42

感覺疼痛感變強而不安時……

某位男性諮商者因為椎間盤突出曾感受過非常劇烈的疼痛，所以只要一感到腰痛，就會不安到無心做任何事。

諮商者說：「而且只要一想到，這樣的疼痛會痛到什麼地步？會持續多久？就覺得好像更痛了……」

就像這位先生所說的，如果愈是在意疼痛，就會覺得愈痛。

可是很有趣的是，即便疼痛，只要熱衷去做某件事，就完全不覺得痛了呢。

例如在進行喜歡的運動到最高潮時，即便是因激烈的比賽而跌倒也不覺得怎樣，可是結束比賽察覺到受傷後，突然就會覺得：「哇，被劃出好大一個傷口！好痛！」

也就是說，我們會因為有沒有意識到疼痛，而有不一樣的感受方式。

因此就試著使用意識來控制疼痛吧。

請試著使用如下的方法來操縱疼痛。

【控制疼痛的方法】

①針對疼痛的部分，想像有個可以療癒疼痛的「光球」。感受一會兒光球的存在。

②想像光球微微左右移動。

③搖晃漸漸地大起來，光擴散到了整個身體。同時想像療癒的光球巡迴過整個身體，感受那樣的舒暢與溫暖。

試著不斷重複進行到能順利想像出來吧。

若能感到「就算會痛，但因為有這個方法就會感到安心」，就會減輕對疼痛的恐懼，與疼痛相關的壓力也會減輕。

A

試著想像有「光球」在疼痛的部分滾動。

Q43 因為癌症而不安，做什麼事都心不在焉時……

不論是什麼疾病，在治療上都有一定的難受程度，但特別是罹患癌症的時候，幾乎所有人都會遭受強烈不安的襲擊。

能減輕這些癌症患者不安的，就是「綿羊與牧草」的練習。

這個方法是我的一位老師，也是兒童精神科醫師的河野政樹老師傳授的。

開始練習前，請先記住，「癌症不是外來的敵人」。實際上，癌細胞是由普通細胞變化而來的，一般會被淋巴球等免疫細胞給吞食，控制其數量不會增加過多。平時，不是會攻擊自己身體的敵人。

不過，一旦生活或身心失衡，吞食癌細胞的免疫細胞減少了，結果癌細胞就會增加過多，對周遭的臟器造成傷害……。也就是說，我們要想成是，問題是「增加過多」而非癌細胞本身。

以此為前題，接著就來趕快做做看練習吧。

請想像在身體中出現了如下的景況。

① 在牧草地上放牧著綿羊。「牧草」是癌細胞，「綿羊」是免疫細胞。

② 因為綿羊的數量很少，牧草恣意生長著。為了不讓牧草長得過多，就要增加綿羊的數量。這麼一來，綿羊就會不斷吃掉牧草。

③ 綿羊會排出糞便，而那會成為牧草的營養。牧草雖會生長，但有足夠數量的綿羊會不斷進食，就不會生長過度。綿羊會確實吃掉好吃的牧草並排出糞便來。

④ 重複想像①～③。想像營養遍及到廣大範圍，是平穩又溫暖的循環。

⑤ 每天想起時就重複進行這個想像。

重點在於，不要想像著是在與癌細胞戰鬥。

癌細胞本來也是你身體的一部分。所以不是要與之戰鬥，而是要讓癌細胞變成對身體來說的好營養，並吸收掉。

A

餵食牧草（癌細胞）給綿羊（免疫細胞）吧。

試著聆聽隱約感受到的不安

感到隱隱不安而痛苦時，有一個最有效的方法可以讓人變輕鬆，那就是正面去面對不安。

若想裝作沒看見不安，不安反而會變得更大。

例如在房間中有某種氣息時。

察覺到那氣息的你，莫名地就不安了起來。

「是風吹動了窗簾嗎？」

「還是有我討厭的蟲子？」

此時只要確認不安到底是什麼就好，若是裝作沒有那分不安，不去做確認，就會愈來愈在意那存在著的不安。

「不是蟲……難道是房間外有誰在偷窺？」

「又或者……有不是人的東西在這屋裡頭？」

就會像這樣，不安又更加招來不安。

可是，只要試著面對不安、確實去確認，或許就會發現到，原來什麼事都沒有，只是樓上住戶發出的聲音，又或是飼養的倉鼠從籠子裡跑出來窸窸窣窣的聲音，其實一點都不可怕。

又或者，即便是噁心的害蟲或有可疑人士，只要得知了到底是什麼，就可以準備好打蟲子用的報紙，或是報警。只要想出了應對的方法，不安感就會減輕。

因此，感到不安而非常痛苦時，首先試著去面對不安吧。

為此，就要把意識放在感受到不安的身體部分，並試著詢問看看：

「是要藉由這分不安告訴我什麼呢？」

「沉悶的不安讓內心痛苦……到底是要告訴我什麼呢？對了，明天就要去上班了啊……真痛苦。上星期因為我的失誤，給大家添麻煩了，不知道是不是被大家給討厭了呢。」

「隱隱的不安讓我心情沉重……。這分不安是想告訴我什麼事呢？對了，昨天我跟人吵了一架，甚至被人身攻擊，覺得很受傷。」

就像這樣，只要得知了不安的真面目，就會知道該做些什麼了，例如：「早上第一件要做的事是向大家道歉」，或是「之後同樣要向對方說這句話」等。只要知道了該做的事，不安自然就會減輕了。

同時，希望大家記住，不安是出自於你想要守護自己的心情。

「想守護自己不被人討厭。」
「想守護自己不被人傷害人格或自尊。」

這樣的心情會成為無法言說的鬱鬱不快，並表現為不安。

也就是說，不安是你的盟友。

不安不是為了讓你痛苦才出現，而是為了告訴你能變輕鬆的方法。

要能聽取那樣的告知，重要的終究是要面對不安的真面目。

如果難以獨自面對，請藉助像我這樣專業人士的力量吧。

其中，一定隱藏有提示可以讓你變輕鬆。

第 五 章

「痛苦的創傷」默默地就消失了

—

過去的心靈創傷總是令人感到疼痛，
一想到就會不安。
本章中，我要告訴大家在這時候
能成為心靈強大支柱的強效練習。

Q44

過去的痛苦記憶盤旋腦中不去時①……

有時我們會在某個瞬間突然想起過去的事而感到痛苦。

這時候，可以用以下面的方法將讓你受苦的不安放到河川上流走。

①感受身體感到不安的部分（似乎很多人都是在頭部或是胸部深處）。

②那分不安是什麼顏色？什麼形狀？多重？觸感如何？試著具體想像一下。

③在腦中想像把②的東西從身體拿出來。

④想像將拿出來的東西放在葉子上，隨流經眼前的河流順暢流走。

⑤不安漸漸地流向遠方，終至看不見。

A

想像讓不安隨河水流走。

只要試著去做，心情就會變得頗為輕鬆。
就讓討厭的過去回憶不斷隨河水流走吧！

Q45

過去的痛苦記憶盤旋腦中不去時②……

我在不久前因為孩子的事情而造成問題，被住附近的男性大聲怒斥了。因為警報器多次被按響，又被大聲斥責，有段時間，單只是看到同年代的男性，我就會發抖地想著：「好可怕！」

我意識到再這樣下去，可能會形成創傷，於是使用了這個方法——以美好經驗的印象「夾住」糟糕經驗。

進行步驟如下。

①從發生討厭事件的「前・後」記憶中搜尋美好的記憶。
若是我的情況，在發生男性大聲斥責事件「前」，我是坐在沙發上放鬆地享受著喝茶時光，事件「後」則是孩子們回家，一起愉快度過。

②將「事件前的美好體驗」「糟糕體驗」「事件後的美好體驗」排成一列，然後決定好各自的位置。只要將各自的距離拉開到一～二步遠就可以。

③站到「事件前的美好體驗」位置，使用五感回顧當時的情況。
以我的情況來說，我會想起沙發舒適的柔軟度、茶水的熱氣與香味、當時播放著的好聽音樂……等，沉浸在喜悅的感受中。

④接下來站到「事件後美好體驗」的位置，使用五感回想。
若是我的情況，就是孩子們的笑容、歡樂的笑聲、摸到光滑秀髮的觸感、一起吃好吃的零食……等。若難以找到「事件後美好體驗」，也可以找稍微過去一段時間後適合的、其他日子的體驗。

⑤接下來，要一直線地在「事件前的美好體驗」「糟糕的體驗」「事件後的美好體驗」三個位置走來走去。不過「糟糕的體驗」位置要迂迴走過，不要採到，這是重點。

在「美好體驗」位置處，慢慢品味於各自處所所感受到的歡樂與安心感，同時迂迴地走過「糟糕的體驗」時，要像用手揮趕著般說著：「那是別人的事，那是別人的事……」走過。回來時則是往反方向向後走。

⑥重複第⑤步驟。請一開始慢慢走，然後逐漸加快腳步小跑。

⑦最後，再重新回想一次「討厭的體驗」。若是討厭的感覺減緩了，或是可以想成是別人的事了就ＯＫ！若討厭的感覺還是很強烈，就請重複進行⑤。

因為是要在特定地方與好心情做連結來進行，所以首先就能改變身體的感覺，接著就容易改變心情。

用美好的體驗夾住糟糕的體驗。

我在進行了這個練習後，就變得完全不在意大聲怒斥我的鄰居了。現在也能很平常心地跟他打招呼說：「您好！」

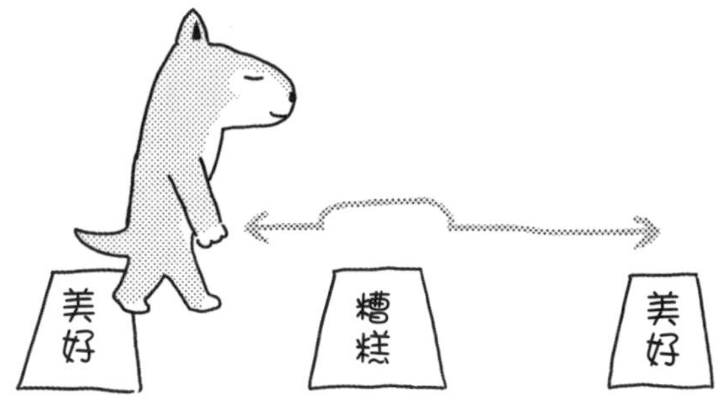

Q46 過去的痛苦記憶盤旋腦中不去時③……

「只要滑社群網站發現到自己沒被邀請去聚會，就變得鬱悶起來……」

最近，有這方面煩惱的人增加了。

的確，知道只有自己被排除在聚會外是很難受的呢。

我以前曾有過沒被邀請去職場的聚會，所以覺得有點難過。

從主辦者的角度來看，或許是體貼的認為「因為他似乎很忙……」但唯有自己沒被找去聚會，還是很令人鬱鬱不快。

那麼，這時候我是如何消除悲傷的心情呢？就是用愉快的記憶塗抹掉討厭的記憶。

具體來說，就是去做比職場聚會更開心的活動。我和孩子們久違的一起旅行。

託此之福，那場旅行讓我十分開心，甚至到現在都還覺得：「我反而獲得了這樣的機會，真是幸運呢。」

難得有此機會，就趁此盡情讓自己享樂，那也很棒呢。

就用與其他朋友、家人、伴侶間的快樂記憶覆蓋那糟糕的記憶吧！

用快樂的記憶覆蓋糟糕的記憶。

Q47 耳邊總是迴盪著旁人刺耳的話時……

「前些天，我在公司聽到了前輩在說我的壞話。他說：『那傢伙很不機靈，總是在做些我不希望他做的事』……」

某位男性公司員工這麼說著，並帶著一臉的難過來到醫院。

他說，自那之後，只要自己想率先進行工作時，就會擔心：「或許又會被人說是不機靈。」而不敢行動。

「話語的力量」比我們想像得還要強大，若某人的話語刺在心上沒有拔出來，有時就會在心中生根茁壯。

有一個方法可以拔出這樣刺在心上的負面尖刺，那就是「聽覺轉換」（Auditory Swish）。這個方法非常有效，是針對特定的「聲音」改寫認知。

【聽覺轉換的做法】

①回憶起被某人說的不好聽的話等「討厭的聲音」。那時候，你的心情如何？將「悲傷」「痛苦」等化為話語。

②其次，在心中想像最理想的狀態，想像那是「聽來舒服的聲音」。例如憧憬的人說出「你真努力呢」「你最棒了！」等稱讚的聲音。感受一下聽到這些聲音時，你是什麼樣的心情。將「興奮」「開心」「放鬆」「安心感」等也化為話語。

③接著，想像有一個很大的擴音器。想像從那裡聽到了①討厭的聲音。

④想像聽到聲音後，用單手拿著遙控器，關掉擴音器的開關。請如實際上按壓遙控器般，手指用力按下。這麼一來，「討厭的聲音」就會立刻被吸進擴音器中而消失。如果這麼做之後還是聽得到「討厭的聲音」，就立刻活動手指，關掉開關。

⑤若是「討厭的聲音」消失了，就想像立刻用另一隻手按下遙控器的其他按鈕。這麼一來，這次就會聽到「舒服的聲音」。一邊深呼吸，一邊想像著那聲音如同光幕般灑下。你一直都聽得到這令人感到舒服的聲音。

⑥最終，想像能聽到「大自然中令人感到舒服的聲音（水流聲、鳥鳴聲、海浪聲等）」讓自己放鬆下來。

⑦重複多次③～⑥。一開始是慢慢來，漸漸地加速，按照「討厭的聲音」「舒服的聲音」「大自然的聲音」這樣的順序重複播放。

⑧最後，想起「討厭的話」時，只要討厭的感覺變薄弱了，或是不覺得心情難受就OK了。無法感受到變化時，就請試著換掉「讓人感到舒服的聲音」。

前述的公司男員工試了這個方法後說：「即便回想起前輩說過的話，也不會有任何想法了！好開心！」並帶著笑回去了。

此外，其他的諮商者中也有人表示：「每天一早醒來心情都不好。」我試著仔細尋問過他們後得知，因為他們早上總會聽見內心自責的聲音。

於是，我讓他們試著做了這個練習，結果第二天早上起床後，他們就不會心情不好了。他們非常開心地說：「好久沒有在心情這麼好的情況下起床，這方法真是厲害！」

這方法非常有效，所以請試著在安靜的場所，以平靜的心情試試看吧。

A

用聽覺轉換來拔除刺在心上的尖刺。

Q48

一想到棘手對象就痛苦時……

有個人非常討厭自己，只要一想到這件事，心情上不禁就很難過。

這時候就藉助想像的力量，把對對方的記憶驅趕到遙遠的遠方去吧。若是冒出了痛苦的回憶，請試著做以下四個步驟。

①腦中浮現出不喜歡的人。

②試著感受一下，想像中的人是處在自己視野中的哪個部分。

③「咻」地對那個人的影像吹口氣，同時動手輕輕彈掉。

④想像那個人飛向宇宙，變成黑點消失。

A

將討厭的對象變成黑點，吹飛到宇宙的角落！

若想起那人，隨時都可以使用這個方法趕走對方。

只要持續做幾次，在想起那個人時，胸口被緊揪住的壓迫感就會消失了。

透過實際上發出「咻」的聲音，並做出手指彈飛的動作，能將記憶驅趕得更遙遠。

來把討厭的對象吹飛到宇宙角落去吧！

Q49 覺得沒有任何同伴，因孤獨而不安時……

在有被欺凌過經驗的人之中，不少人都有求助無門的心理創傷。

有位學生就是這樣。這位學生在接受心理諮商的同時，我也讓他去做了幾個練習，但他說：「我覺得這方法是最有效的。」這個方法就是讓祖先們成為自己的盟友。

做法非常簡單，只要唸誦如下的神道祝辭即可。

那個祝詞就是「祖先們請微笑」。

據說，這是天皇陛下一天會唸個四十次的最棒祝辭。

透過唸誦這句話來感謝神明與祖先們，據說就能甩開討厭的事物、吸引來幸福，獲得強力的保護。

有效的唸誦方式是拉長每一個音節：「祖—先—們—請—微—笑—」，以純淨虔誠的心，清楚唸出來。

我讓前面那個例子的學生每天早上都唸個幾次。之前他每次要去學校都覺得很痛苦，結果他說：「感覺好像有人在守護著自己般，不會像之前那樣覺得恐懼了。」

這真的是很神奇，但有幾位諮商者都說，持續唸誦那語句後，能吸引來幸運。某位女性有很長一段時間都找不到工作，精神上很是窘迫，但後來她高興地說：「自從開始唸誦那語句一～兩個禮拜後就找到工作了！」

順帶一提，我與朋友間發生尷尬的事或生氣時，會想著對方的祖先並唸誦這句話。結果，不知道是不是和對方的祖先成了盟友，很多時候，我們的關係自然地就修復了。

感受到孤獨，覺得沒人幫助自己時，或是希望有人成為自己的助力時，請務必試試看這個方法。

A

用「祖先們請微笑」讓祖先成為自己的盟友。

Q50

想抹平創傷，將之轉變成力量時……

有些記憶會使人痛苦。

可是只要知道做法，就能將痛苦的回憶轉變為能量。

那就是「黑洞與白洞」的練習。

想做些什麼往前進時，請試試以下的步驟。

【黑洞與白洞】

①試著去感受自己內心中強烈的不安與鬱悶。

②想像把自己心中的鬱悶拿了出來，試著仔細感受其顏色、形狀與重量。

③想像拿出來的鬱悶被吸進了位在宇宙的天體「黑洞」中。在黑洞中有著強力的重力，所以會吸入所有東西，在瞬間將之分解為粉碎的粒子。

④被分解的細微粒子流向了位在黑洞出口的「白洞」。白洞與黑洞相反，是會放射出各種東西的天體。想像通過白洞的物質變成了金色閃閃發光的粒子。

⑤想像閃亮的粒子回到了自己身邊，從頭灑滿全身。溫暖又華麗的閃亮灑滿了你身體內部。

也就是說，想像討厭的回憶用黑洞與白洞進行過濾變乾淨後，又回到自己體內。

請重複①~⑤的步驟，直到心中鬱悶消失。

將鬱悶推入黑洞時，要慢慢地吐氣，沐浴在回來的閃亮中時則要呼吸。最好是能想像閃亮從頭上如淋浴般灑落，浸染了全身的每一個細胞。

討厭的回憶轉變成了讓你閃閃發光的能量。

利用「黑洞與白洞」練習，把鬱悶變成閃閃發亮的東西吧！

如果可以，請試著想像那分閃亮是從自己身上散落下來的光芒。

這麼一來，全身就會充滿著能量，自然就會拿出幹勁來。

第　六　章

找回雀躍的心！

若長時間都處在不安中，
就會變得感受不到
喜歡些什麼，以及興奮的心情。
這時候，推薦進行
「找回感性心靈」的練習。

Q51

面對一陳不變的每一天而感到憂鬱時……

面對一陳不變的每一天，也會有被困住而憂鬱的時候吧。

這時候試著改變從學校或職場「回家的路」吧。

又或者可以改變買東西的路徑或散步路線。

只要去走與平常不一樣的路線，就會看到「新東西」，單只是這樣，就會萌生出一點點的小幸福。

遇上新刺激時，我們大腦內會分泌出神經傳導物質「多巴胺」。多巴胺是幸福荷爾蒙的一種，會喚起快感、幸福感以及興奮的心情。

因此，只要改變回家的路線，稍微增加點新的體驗，心情就會變高昂起來。

試著改變「回家的路線」。

只要改變回家的路線，有時也會發現新開的店，或是碰上不一樣的人。有時或許還會看到喜歡的流浪貓或是樹木。

單只是改變行經的路線，就會有嶄新的喜悅之風吹進千篇一律的日常中。

Q52

不知道自己喜歡什麼而不安時……

若是長時間待在雖投入了感情卻無法融入其中的環境，就會不知道自己到底喜歡些什麼。

「不論是什麼都好。有沒有喜歡些什麼呢？」

即使我在諮商中這麼訊問，仍有不少諮商者會回答：

「沒什麼特別喜歡的呢～」

我建議這些人可以進行的練習是「丟掉不會令自己感到興奮的東西」。

被問到喜歡些什麼卻答不出來的人，卻能輕易回答出討厭或不喜歡的東西。

因此可以試著先排除討厭或不喜歡的東西。

這麼一來，剩下來的就會是喜歡的了……。

捨棄時，首先可以從「衣服」開始。

大部分人應該都有些已經不穿的衣服，這時，請丟掉不會令你感到興奮愉悅的衣服。

試著果斷丟棄那些造型落伍的服飾、不太喜歡的服飾、雖然昂貴但好像不太適合自己，無法襯托出自己美麗的衣服。

盡情丟掉不喜歡東西的行為有種爽快感，而且剩下來的衣服都是你喜歡、令你感到興奮愉悅的，所以最後看著衣櫃時，心情就會很好。

請想想被喜歡的東西包圍時的喜悅。

那就是你找回自己的第一步。

順帶一提，一定也有人是「不善長丟東西」的。

其實我也是這類型的，但若是一邊說著「至今為止謝謝你了」，一邊丟東西，就不太會有罪惡感。

而且只要對物品產生感謝之心，很神奇的是，還會將幸運都吸引過來。這或許也是「捨棄」的效用之一呢。

A

試著丟掉不會讓你產生興奮愉悅的衣服吧。

Q53 若覺得感受愉悅的心鈍化了①……

總是容易陷入不安的人，是因為都是用一樣的觀點來看待事物，所以腦中會形成「立刻找出不安的迴路」。

因此不論如何都只會看向不安，變得不知道發現樂趣的方法。

不過這和積極正面的情感容易消失無關。

例如你吃了許多好吃的東西而感到幸福。

可是如果一直維持「吃好飽真幸福」這樣的積極正面情感，就不會生出要去找下一頓食物的意欲。也就是說，若長久維持積極正面的情感，就會變得難以生存下去。

與之相對的是難以消除的負面消極情感。

若長久維持「只要到那個地方就會遭遇危險」，或是「只要有那個人在，就總是會覺得討厭」這樣消極負面的情感，就不會去靠近有風險的地方。人類會透過消極負面的情感，來守護自己。

可若每天都受到負面消極情緒的支配，就會變得不知道人生有什麼樂趣，覺得活著很無聊。

因此希望大家可以嘗試在一天中花個二十分鐘，在同一時間內做喜歡或有趣的事。持續幾天都在同一時間內做這些事，就能沐浴在積極正面的情感中。

這麼一來，最後即便不做什麼，在同一時間仍會湧上愉悅的心情。

順帶一提，我覺得使用減肥用的振動機器搖動腹部時很有趣，曾連續幾天在午後的同一個時間帶都那麼做。結果即便不使用振動機器了，只要一到那段時間帶，心情自然就變得非常好。

想不出喜歡的事或有趣的事時，也可以做能放鬆的事。

A 每天二十分鐘，固定在同一時間內做喜歡或有趣的事。

例如可以試著外出散步，或是喝喜歡的咖啡，或是塗抹加有芳香精油的護手霜，或是試著使用溫熱眼罩等。

若一個行動花不到二十分鐘，也可以組合兩個行動，使之加起來有二十分鐘左右。只要連續進行約一星期，就有望獲得效果。

Q54 若覺得感受愉悅的心鈍化了②……

某位諮商者說，她自東日本大地震以後內心常有著強烈的不安，變得很怕外出。擔心著：「世界上淨是些討厭的事，因為恐懼而無法外出。」甚至無法去公司。

我請這位諮商者「找出並寫下一天中的三件好事」，同時也請她寫下「為什麼對自己來說那是好事呢？」

一開始，諮商者說：「不要，做不到！我每天都很不安，一件好事都沒有。找不出來！」但我請她：「別這麼說，妳可以去問家人或伴侶：『今天我有發生什麼好事嗎？』總之請試著去做做看。」最後她勉強同意了。

雖然一開始會不知道要寫些什麼而疑惑，但之後她就一點一滴地能找出三件好事了，像是「今天能去散步了。活動了身體真好」，或是「早餐很好吃，很謝謝幫忙做早餐的人」，或是「外面的鮮綠真漂亮。我很感動自己能察覺到那些」等。

從開始書寫三個月後，她就能笑逐顏開的說：「一整天都有許多好事呢！」也能再度梳妝打扮，回歸了心心念念的工作。

如同這名諮商者，若是長時間都處在不安中，找出「好事」的天線就會鈍化。這時候，要找出好事，最好要使用五感。請專注於透過視覺、聽覺、嗅覺、味覺、觸覺所感受到的「舒暢」。

像是「走路時，吹過的風好舒服」，或是「聽了鳥叫聲，心情變得很舒暢」，或是「棉被軟綿綿的觸感真舒服」等。

賓夕法尼亞大學的賽里格曼（Martin E. P. Seligman）教授是正向心理學之父，根據他在二〇〇五年發表的研究指出，只要在每晚睡前進行這個練習持續一週，幸福度就會提升，憂鬱的症狀也會獲得改善，而且這樣的狀態可以維持六個月。

A

寫出一天中發生的三件好事。

持續專心於「找出好事」練習的重點在於，若是要找出三件很難，也可以只找出一件。透過持續下去，就能強化尋找好事的心靈過濾器，提升幸福度，減少不安。

Q55
覺得「未來不會發生什麼好事」而陷入沮喪時……

莫名地就對未來沒有希望。

覺得之後再不會比現在更幸福了。

感到「自己也就這程度了吧……」時，其實就是處在採煞車的狀態。

這時候請各位務必要嘗試一個方法，就是試著呼叫出「神燈精靈」。

這個方法是兒童精神科醫師河野政樹醫師教授的。

其做法是，借用出現在迪士尼電影《阿拉丁》中精靈那樣的魔法力量，解除你加在自己身上的煞車。

請試著挑戰如下的練習吧。

①想像你眼前有著「神燈精靈」。神燈精靈會實現你所有願望，那麼你會許什麼願？請試著具體去思考一下。

②你實現心願後，會有什麼樣的感覺？試著想像你看到的事物、聽到的聲音，以及身體觸碰到的物品。

（例）如果心願是「想出書」……被新印刷好的書籍給包圍著、收到朋友的祝賀、為了寫出下部作品，坐在靠背舒適的辦公椅上等。

③為了獲得這樣舒適的狀態，有什麼技巧或資格是必須的呢？和誰一起學習能實現那樣的狀態呢？請試著具體的想像。

④在日曆或行事曆手冊上把實現心願的日子畫上〇。

⑤實現心願的自己成為了什麼類型的人呢？試著想像可以怎麼形容吧。此外，實現的心願對你的人生來說有什麼樣的意義嗎？例如「喜悅」「開心」「使命」「責

任」等。

（例）「我是為了減輕人們內心的不安而出書，所以成了支援世界人們療癒與幸福類型的人。這就是我的使命。」

⑥阻止你實現夢想的是什麼？請具體思考一下。

⑦為了實現夢想，該從何處著手？請具體思考一下。

若能思考到這些，就等同於你已經站在了夢想的起點。之後只要踏出第一步就好。

順帶一提，所謂「神燈精靈」是能除去你顯意識立下的「制約」，激發出潛意識的存在。

一旦不安變強，就會覺得不論做什麼都不順利，許多人都會為自己加上限制：「自己一定做不到。不可能的。」

只會關注在做不到的理由上，像是「因為沒錢，所以無法學習證照相關知識」「因為沒時間，所以無法進行創作活動」等，無法做出讓自己幸福的行動。

可是，只要除去顯意識所附加的限制，你就會察覺到自己想實現的夢想還有很多。而若能為此踏出第一步，每天的生活就會比現在要來得更加充滿希望與期待。

A 藉助「神燈精靈」的力量吧。

Q56 擔心無法找到理想的伴侶……

只要想到未來就會不安的人之中，有很多人都會覺得「自己在未來是不是無法遇見理想的伴侶了呢？」而悶悶不樂。

的確，因為是對方的問題，所以會覺得靠自己的力量是無能為力的。

有個練習希望有這種想法的你務必要嘗試一下，那就是吸引理想伴侶的練習。

只要做這練習，在邂逅理想的人時，立刻就會知道「是這個人！」

①首先，想像理想的伴侶。對方的體格如何？穿什麼服裝？做什麼職業？是什麼類型的人呢？要盡可能具體的想像出來。

②將理想伴侶與自己想成是戀愛電影中的男女主角，想像兩人日常生活的景況。你們住在什麼樣的房子裡呢？天氣或季節如何？兩人用什麼樣的表情及動作在說話呢？請具體的想像。

③在這部電影中，你表現出了怎樣的表情與動作呢？具體想像你的姿勢、走路方式、笑的樣子、說話方式、口頭禪等。

④擁抱電影中的自己，將之融入自己的身體中。將電影中人物融入自己後，請感受一下從自己眼中所看到的是怎樣的世界。試著感受周圍的明暗、色調、世界的寬廣度、視線的高度等。

⑤試著成為電影中的自己並活動一下。試著具體感受一下有什麼地方是和以前的自己不一樣的？像是姿勢、笑的方式以及說話方式等。

⑥想像成為電影中的自己，和理想中伴侶共度時光的模樣。一起笑的時候、用餐時、

窩居在家時等，品味一下那是怎樣一種幸福的感覺。你當下的心情如何？你身體放鬆的情況如何？

⑦一邊感受那樣的感覺，一邊雙手撫胸，並呢喃著：「之後我們會一直在一起唷。」然後放開手，接著再度雙手撫胸，確認有浮現出幸福的感覺。

⑧起床後、就寢前都雙手撫胸，湧現與理想伴侶共度時光時的幸福心情並好好品味。

只要持續這麼做，大腦的搜索引擎就會自動找出與你感受到相同幸福的伴侶。同時，你自己的舉動也會變得如你所描繪的那般，吸引來的人也會變得跟之前的不一樣。

我們稱像這樣預先表現出夢想實現後的行為舉止為「提前慶祝」。

例如據說花式滑冰選手羽生結弦在二〇一四年飛往奧運比賽的飛機上哭了。聽聞他之所以哭泣是因為他想像著自己在奧運場上做出了最棒的表演，因為高興而哭泣。結果就如大家所知道的那樣，他獲得了金牌。

我們的行動與表情是由想像與情感所形成的。

因此，只要表現得像是和理想伴侶在一起了，就能吸引那樣的對象來接近優秀的自己。

A

提前享受與理想伴侶共度的幸福時光。

第　七　章

為了以好心情
展開明天新的一天

在睡前重設當天的鬱悶不快。
本章將介紹種下明天幸福種子的絕佳方法。

Q57 想睡卻難以入睡時①……

處在不安或緊張狀態下的人，即便跟他們說：「放輕鬆吧。」他們也難以做到。這時候，透過進行刻意用力再放鬆的「漸進式肌肉鬆弛法」就容易形成卸下氣力的放鬆狀態。

漸進式肌肉鬆弛法是美國醫師埃德蒙・雅各布森（Edmund Jacobson）所開發出來的放鬆技法。美軍採用後，在嚴苛的壓力狀況下，有九十六％的士兵們在一二〇秒內就進入了夢鄉。這是個效果超群的方法。

我會在自己的診所內，讓諮商者以坐在椅子上的狀態下，以如下步驟進行。

【漸進式肌肉鬆弛法的做法】

①從鼻子吸氣然後停止呼吸。

②在停止呼吸的期間（約三～五秒），雙臂擺出勝利的姿勢(雙肘內夾)，同時雙手用力。

③一邊從嘴巴吐氣，一邊卸下雙臂的力氣並放下。這時候有什麼感覺？留意卸下力氣後臂膀的感覺。

④重複①～③。

到這裡是基本動作。

之後以兩腳↓臉部↓肩膀↓頭的順序，以相同的方式，配合著呼吸，重複用力、卸下力氣（各三次）。

●兩腳……坐在椅子上，伸直膝蓋，抬高兩腳直到與地板平行。將腳後跟彎成直角狀，伸直腳尖↓放下，讓兩腳踏在地上。

●臉部……閉上眼睛，咬緊牙關↓卸下力氣，張開嘴巴。

●肩膀……聳肩↓放下。

●頭……一邊感受頭部的重量，一邊慢慢轉動。

做完這些後，諮商者們都眾口一致地說：「睡得著了。」「感到很是平靜。」實際上也有很多人打起了哈欠。

雖然只要這樣做就能感到十分放鬆、舒暢，但我在晚上睡前進行漸進式肌肉鬆弛法後，於進入棉被中時，還會進行放鬆呼吸法。

【放鬆呼吸法】

①從鼻子吸氣。注意空氣的流動，並感受其冷熱。

②用嘴巴吐氣。在吐出氣息時，除了留意溫熱度，也要注意隨著吐氣鬆懈全身的力氣。過程中請感受空氣通過喉嚨時的感覺。

③重複①~②三次。呼吸時決定好「不論浮現出什麼樣的思考，都不要去追逐那念頭」，若是腦海中浮現出了什麼，就將意識轉回到平常的呼吸上。

這樣就可以順利熟睡，請各位務必嘗試看看。

因此，心情緊張睡不著時，就先讓身體放鬆下來吧。身體放鬆，心情也舒緩下來後，若能實際脫口說出：「心情平靜下來了。」「好閒適～」效果會更好。

A

利用漸進式肌肉鬆弛法讓手腳用力、放鬆。

伸直

Q58 想睡卻難以入睡時②……

還有一個方法在應對睡不著時很有效，那就是加重蓋在身上的棉被重量。

「什麼？膨鬆柔軟的輕棉被蓋起來比較沒有壓力、能睡得好吧？」

或許有人會這麼想吧？

但是，根據近年來的研究指出，只要給失眠症的患者蓋重量較重的棉被，就能改善症狀。

瑞典卡羅琳斯卡學院的研究團隊針對因憂鬱、焦慮症而被診斷為失眠症的一二〇名成人進行了如下的實驗。

研究團隊首先將受試者隨機分成兩組。

①使用重毯子（八公斤※）的組別

②使用輕毯子（一・五公斤）的組別

然後讓他們使用四週。

結果，在使用②輕毯子的組別中，明顯有改善失眠的有三・六％。

另一方面，使用①重毯子的組別則可看到有四十二・二％的改善。居然比使用輕毯子的人獲得了十倍的好效果。

此外，實驗結束後，讓實驗參與者選擇帶走喜歡的毯子（幾乎所有患者都選擇了重毯子），並讓他們使用十二個月。結果，在一開始實驗中使用輕毯子、之後改換成使用重毯子的人也同樣改善了睡眠。十二個月後，使用重毯子的人也有七十八％的改善了失眠症。

根據研究團隊指出，因為毛毯的重量會刺激身體肌肉與關節，能獲得與指壓以及按摩相同的效果。

因此，睡不著時，請試著增加蓋的棉被數量，進行調整。

※註：若有人覺得重八公斤的毯子太重，就給予六公斤的毯子

順帶一提，因為人無法一直醒著不睡，即便持續二～三天失眠，之後也會如電池電量耗盡般沉睡。因此感覺不到睡意時，就算不勉強睡覺也無所謂，即便睡不著也不用太在意。

A

加重蓋的被子重量。

Q59 一旦想休息，就會覺得有罪惡感而不安時……

認真的克己主義者中，有不少人對睡覺、休息感到有罪惡感。

這些人在下意識中認為「休息是懈怠」。

因此經常都要做些什麼，否則就無法冷靜下來。

「周遭的人都更努力……我也得努力才行。」

「睡了七個小時……我真是個懶惰的人。」

他們會這樣緊逼自己、責備自己。

即便我跟許多這樣的人說：「說是這麼說，但就我看來，你與其他人比起來是已經努力過頭了唷。」他們仍是說著：「沒有沒有，我才沒有。其他人都比我更努力……」

不太接受自己努力過頭的事實。

針對這類不擅長休息的人，我會告訴他們：「定期休息以調整身體狀況以及心靈健康也是工作唷。」

若是勉強繼續工作下去，就會累積疲勞，健康狀況會逐漸惡化。最後還會造成不得不長時間休息的狀況。這麼一來，反而會給周遭的人帶來麻煩。若是這樣，那麼能休息時休息就不是懈怠，而是身為社會人士所必須要做的。

而且因為你沒有休息，或許周遭的人也會因為在意而無法休息。如果你是組織的高層，連週末都不休息的努力工作，那模樣會帶給下屬無以言說的壓力。反過來說，年輕的你在休假日上班，或許身為監督指導者的上司就也必須要到公司。

所以，除了為了自己，同時也為了周遭的人著想，在能休息的時候就要好好休息、睡覺。

要想成是「休息也是工作之一」。

別忘了藉由休息養精蓄鋭，才能在必要的時候好好努力。

Q60

今天的鬱鬱不快似乎會延續到明天時……

發生了討厭的事，即便到了就寢時間仍舊鬱鬱不快。若就這樣睡覺，感覺好像會做惡夢……。

這時候，在睡前可以回想一下當天發生的討厭事件，然後用腦中的板擦輕鬆擦掉。

那一天發生的失誤，或是誰說了什麼難聽話。就用板擦一一擦掉那些鬱鬱不快。擦掉的同時，請放鬆用力的手腳。

這麼一來就會增強把討厭事情消除得一乾二淨、身心都變輕鬆了的想像，心情就會變好，能好好睡上一覺了。

A

用板擦擦掉腦中的鬱鬱不快。

其實帶著好心情入睡，就記憶面來看也是非常重要的。

大腦在睡覺期間會反芻當天發生的事，讓記憶固定下來。因此若是在睡前想著那些討厭的事，那些記憶也會做為討厭的事被固定下來。

為了不讓今天的鬱鬱不快延伸到明天，也可以把這練習當成睡前的習慣。

Q61

在意很多事而無法入睡時……

雖然已經躺在床上準備入睡，但腦中卻一一浮現在意的事，結果莫名就睡不著了。

這時候可以從床上坐起，試著「寫日誌」。

寫日誌被稱為「書寫冥想」，是把浮現在腦中的事物一口氣全寫在紙上。透過在紙上寫出在意的事、莫名的煩悶等，大腦及心靈就會變澄澈，心情也會變輕鬆。這麼做能提升幸福感、增強免疫力，甚至還有提升就業率等的數據資料。

德州大學社會心理學家詹姆斯・佩內貝克（James W. Pennebaker）教授進行了如下的調查。

第一個是以失業者為對象的調查。

他讓失業中的受試者每天花二十分鐘寫日誌，連續寫五天，之後透過追蹤調查來調查他們八個月後的就職率。與同樣失業卻沒寫日誌的人相比，受試者的就職率高出了四十%。寫日誌的失業者似乎因為寫出了腦中的煩悶，隨時都能感覺神清氣爽，所以能克服充滿壓力的就職活動。

同時教授還進行了其他的調查，將受試者分成：①只寫下大為影響到情感的事件組別，以及②寫下與情感無關的日常事件組別。

他讓各組別每天都寫二十分鐘，持續寫三天，結果①只寫下大為影響到情感的事件組別，身心的健康都大幅提升了。

而且經過了數月後，據說還有出現血壓下降、免疫機能提升、去醫院看病的次數減少，以及幸福感持續高漲的情況。

那麼，既然書寫日誌有這麼好的效果，**具體又該怎麼做呢？**

首先準備好筆記本與筆，花三～十五分鐘，持續埋頭不斷寫下浮現出腦中的事物。

書寫的重點總之就是動筆，手不要停下來。

想不到要寫什麼時，也可以直接寫出腦中所思所想，像是：「沒有要寫的東西，沒有要寫的東西，什麼都想不到，沒什麼好寫的嗎……」

只要過一陣子，就會再度開始思考，例如：「……肚子好像餓了起來」「我能這麼面對自我，還真是厲害呢」這些也全都要寫出來。

一開始是寫三分鐘左右，若能繼續寫下去，只要一點一滴延長書寫時間，就不會成為壓力。

直到能持續書寫十五分前，都請務必試著一直寫下去。

這期間，你的心中應該就不太容易累積那些鬱鬱不快了。

A

利用書寫日誌的方式寫出心中不快。

有某位女性諮商者為與伴侶間的關係而煩惱，因此長時間苦於失眠，但她從開始透過書寫日誌寫出腦中的鬱悶第三天起，自然地就能入睡了。

為了不將心中的鬱鬱不快帶到明天，就在睡前一吐為快，讓心情變暢快吧。

Q62

療癒今天一整天都在與不安奮鬥的自己……

在一天的終結，送禮物給努力了一天的自己是很棒的療癒方式。

「今天一天也很努力。

我今天也很ＯＫ！

真的是辛苦了。晚安！」

可以像這樣說些慰勞自己的話，帶著愉悅的心情入眠。

如果有像Ｑ２（第三十六頁）那樣所提到的、冠上自己小名的布偶，就可以一邊對它說「辛苦你了」，一邊緊抱著它。

這麼一來，你的內心會更感溫暖，能輕柔地消除掉壓力。

A

認可並慰勞自己：「今天的我也很OK！」

一天終結後給予禮物讓自己開心，就能以幸福的心情開始明天。

在今天種下明日幸福的種子後入睡吧。

沒問題的。比起今天，明天會愈來愈好的。

Note

Note

Note

國家圖書館出版品預行編目資料

拯救不安：化解鬱悶、焦慮、恐懼的62個小提示/ 柳川由美子作；楊鈺儀譯. -- 初版. -- 新北市：世茂出版有限公司, 2024.04
面； 公分. -- (心靈叢書；24)
ISBN 978-626-7446-00-3(平裝)

1.CST: 心理衛生 2.CST: 情緒管理

172.9 113000910

心靈叢書24

拯救不安：化解鬱悶、焦慮、恐懼的62個小提示

作　　者 / 柳川由美子
譯　　者 / 楊鈺儀
總　　編 / 簡玉芬
責任編輯 / 陳怡君
封面設計 / 林芷伊
出 版 者 / 世茂出版有限公司
地　　址 / (231)新北市新店區民生路19號5樓
電　　話 / (02)2218-3277
傳　　真 / (02)2218-3239（訂書專線）
劃撥帳號 / 19911841
戶　　名 / 世茂出版有限公司
單次郵購總金額未滿500元（含），請加80元掛號費
世茂官網 / www.coolbooks.com.tw
排版製版 / 辰皓國際出版製作有限公司
印　　刷 / 傳興彩色印刷有限公司
初版一刷 / 2024年4月

ＩＳＢＮ / 978-626-7446-00-3
ＥＩＳＢＮ / 9786267172988 (PDF) 9786267172995 (EPUB)
定　　價 / 360元